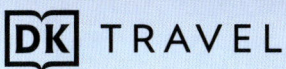

TOP 10
ESTOCOLMO

AF277092

CONTENIDOS

44

Lo mejor de Estocolmo

66

Recorridos

106

Datos útiles

ESTOCOLMO

DESCUBRIENDO

Estocolmo en invierno

BIENVENIDO A
ESTOCOLMO

Con un rico patrimonio histórico y cultural, rodeada de una naturaleza imponente, Estocolmo ofrece museos, palacios reales y aventuras en kayak o en bicicleta en un solo día. No te pierdas nada. Disfruta de lo mejor de la ciudad con la ayuda de la guía Top 10 Estocolmo.

Estocolmo es una ciudad sin igual. Enclavada entre el lago Mälar al oeste y el mar Báltico al este, la capital de Suecia está formada por 14 islas, lo que significa que siempre se está cerca de una hermosa vista costera. Este entorno natural se ve realzado por una magnífica arquitectura, con destacados exponentes como el imponente Stadshuset de ladrillo rojo y el majestuoso Kungliga Slottet (Palacio Real). Además, cuenta con numerosos e increíbles museos, como Skansen, el Nordiska Museet y el Vasamuseet, que dan fe de la riqueza histórica y

En kayak por el archipiélago

cultural de Suecia. Existe otra gran diversidad de opciones, desde el arte o la historia de las bebidas espirituosas en Suecia hasta un museo dedicado a ABBA.

Estar rodeado de tanta belleza hace que disfrutar de la naturaleza, sobre todo en las extensas islas del archipiélago de Estocolmo, sea un pasatiempo muy popular. Esparcidas por el Báltico, al este de la ciudad, muchas de las islas muestran edificios tradicionales de madera y ofrecen gran variedad de actividades, desde la navegación a la acampada libre. Pero no es necesario ir tan lejos: la propia Estocolmo es un lugar ideal para disfrutar al aire libre, con multitud de hermosos parques como el Hagaparken o el Kungsträdgården, donde florecen los cerezos en primavera. Se puede nadar en los alrededores de Långholmen, pedalear por los cuidados carriles bici y esquiar en Björkhagen en invierno. Tanta actividad abre el apetito; por suerte, Estocolmo ofrece multitud de cafeterías y restaurantes de cocina nórdica donde poder saciarlo.

Esta guía Top 10 reúne lo mejor que Estocolmo puede ofrecer, con sencillas listas con las 10 mejores opciones, consejos de expertos y mapas y planos detallados, que hace del viaje una experiencia extraordinaria.

HISTORIA DE
ESTOCOLMO

Desde la colonización por pueblos nómadas, Estocolmo ha vivido importantes, y a menudo turbulentos, capítulos antes de emerger como una de las ciudades más avanzadas del mundo, sede de empresas tecnológicas internacionales y pionera en ecologismo. He aquí su historia.

Primeros habitantes

Los primeros asentamientos datan de la Edad de Piedra, cuando grupos migratorios de cazadores-recolectores llegaron buscando pastos, pesca y focas. Durante el Neolítico se fundaron asentamientos permanentes, con comunidades dedicadas a la agricultura y la pesca, que también comerciaban con cerámica y armas de sílex con otros pueblos, incluidos daneses.

La era vikinga

Estos primeros pobladores emprendieron travesías por mar cada vez más lejos. Invadieron, comerciaron y se asentaron por toda Europa. Eran los conocidos vikingos. En 750 fundaron Birka, la ciudad más antigua de Suecia, en la isla de Björkö, al oeste de Estocolmo. La ciudad floreció durante 200 años como centro de intercambio de mercancías procedentes del Mediterráneo y de Oriente Próximo. Con el comercio llegó el cristianismo, que poco a poco se extendió por Escandinavia: en el siglo XI la mayoría de los vikingos eran cristianos.

Nacimiento de Estocolmo

En 1252 el regente sueco Birger Jarl construyó el castillo Tre Kronor, en Gamla Stan, con el fin de proteger el lago Mälaren de las incursiones paganas. A su alrededor enseguida creó un asentamiento llamado Estocolmo, que se convertiría en un importante puerto de la Liga Hanseática, una red comercial alemana que controlaba el comercio sueco de ultramar. Los siguientes siglos estuvieron marcados por la guerra, principalmente con Dinamarca

Estampa de unos barcos navegando junto al castillo Tre Kronor

Grabado del rey Gustavo Adolfo

y Noruega. En 1471 y 1520 se produjeron importantes incursiones danesas; la última de ellas condujo al dominio danés y a la famosa masacre de Estocolmo, en la que más de 80 nobles suecos fueron ejecutados en Stortorget, una plaza de Gamla Stan.

La casa de Vasa

Pocos años después, en 1523, Gustav Vasa, hijo de un noble asesinado en la masacre, dirigió una rebelión para liberar Suecia del dominio danés. Una vez convertido en gobernante, Vasa llevó a cabo una serie de reformas que transformaron radicalmente el país, entre ellas el cambio del culto católico por el protestante. También centralizó el poder en Estocolmo a través de una serie de políticas económicas y en 1544 presionó al Parlamento para lograr que la monarquía tuviese carácter hereditario.

Sus descendientes, la casa de Vasa, gobernaron Suecia durante más de 130 años, una época feliz conocida como *tormaktstiden* (la era del gran poder). Los sucesivos monarcas, especialmente el nieto de Vasa, Gustavo Adolfo (1594-1632), se expandieron por toda Europa, creando un enorme Imperio. Suecia, y por extensión Estocolmo, se convirtieron en un poderoso actor en la política europea. Bajo los sucesores de Adolfo, el Imperio siguió expandiéndose y en 1658 alcanzó su máximo apogeo, abarcaba desde los fiordos noruegos hasta partes de las actuales Rusia y Alemania.

HITOS HISTÓRICOS

750
Los vikingos fundan la ciudad de Birka en la isla de Björkö, al oeste de Estocolmo.

1252
El regente sueco Birger Jarl funda Estocolmo como defensa frente a incursiones paganas.

1436
Estocolmo se convierte en capital de Suecia gracias a su papel comercial.

1523
Gustav Vasa es elegido rey el 6 de junio (Día Nacional de Suecia).

1628
Un error de diseño provoca que el buque de guerra *Vasa,* encargado por el rey Gustavo Adolfo, se hunda en el puerto de Estocolmo a pocos minutos de su viaje inaugural.

1697
Un incendio destruye el castillo Tre Kronor; en 1760 se construye el actual Palacio Real en el mismo lugar.

1772
Golpe de Estado incruento de Gustavo III para restaurar la monarquía; gobierna durante 21 años.

1950
Circulan los primeros trenes del metro de Estocolmo, el primer transporte de este tipo en los países nórdicos.

1974
El grupo pop de Estocolmo ABBA gana Eurovisión con *Waterloo*, y se convierte en una de las bandas con mayores ventas de todos los tiempos.

2018
La activista adolescente Greta Thunberg organiza su primera huelga escolar por el clima ante el Parlamento sueco, lo que inspira un movimiento ecologista juvenil internacional.

Ilustración y Revolución Industrial

Pese al gran poder acumulado, el Imperio no pudo sostenerse. La derrota contra Rusia en la batalla de Poltava (1709) marcó el inicio del declive, que culminó con la renuncia a Finlandia, bajo control sueco durante más 700 años, durante las guerras napoleónicas. Este declive también debilitó a la monarquía y en 1718 el Riksdag (Parlamento sueco) tomó el control.

A lo largo del siglo XVIII la Ilustración se extendió por Europa y Estocolmo se convirtió en un centro de la cultura, la ciencia y la industria, con personajes como el filósofo Emanuel Swedenborg y el botánico Carlos Linneo. Esta época liberal culminó con la constitución de 1809, que eliminaba los poderes absolutos del monarca. Por la misma época, la Revolución Industrial convirtió Estocolmo en una potencia económica. La riqueza generada dio lugar al desarrollo de la ciudad, con la construcción de parques, avenidas, museos, bibliotecas, escuelas y hospitales. La población creció hasta alcanzar los 300.000 habitantes a principios del siglo XX, cuatro veces más que en 1800.

Retrato del filósofo Emanuel Swedenborg

El primer ministro sueco Olof Palme haciendo campaña en Estocolmo

A pesar del auge, la pobreza se extendió a finales del siglo XIX y muchos se vieron obligados a emigrar a Norteamérica. La década de 1920 trajo nuevos cambios, cuando los sindicatos comenzaron a luchar por lograr mejores derechos y condiciones de trabajo, apoyados por figuras como August Palm y Hjalmar Branting, primer ministro socialdemócrata de Suecia. Fue así como surgió una Suecia socialmente responsable, con un estado de bienestar y sufragio universal.

Una Suecia neutral

Suecia se mantuvo neutral en ambas guerras mundiales, una tradición que continuó durante la Guerra Fría a pesar de su apoyo a los ideales democráticos, de derechos humanos y de libre mercado de Occidente. Pero el aislamiento total no era posible: los submarinos soviéticos navegaban por aguas del país y muchos espías se movían por Estocolmo. En 1986 Suecia se vio sacudida por el asesinato del primer ministro sueco Olof Palme, un reconocido defensor de la democracia y del desarme nuclear, un crimen que sigue sin resolverse.

Estocolmo en la actualidad

Desde este oscuro suceso, Estocolmo se ha convertido en una de las ciudades más avanzadas del mundo. Cuenta con más organismos tecnológicos billonarios (como Spotify, Klarna y Northvolt) per cápita que cualquier otro lugar fuera de Silicon Valley, en California. Desde 1990 también ha liderado las reformas medioambientales y su impacto climático y las emisiones han disminuido en más de la mitad, lo que le valió el reconocimiento como primera Capital Verde Europea en 2010. Pero esto no es todo; espoleada por activistas como Greta Thunberg, Suecia ha prometido ser climáticamente positiva para 2030 y libre de combustibles fósiles en 2040.

La frondosa Estocolmo, una de las capitales más verdes del mundo

TOP 10
EXPERIENCIAS

Esta guía ayuda a organizar el viaje perfecto tanto para los que visitan Estocolmo por primera vez como para los que repiten. Para aprovechar el tiempo al máximo y disfrutar de lo mejor que esta gran ciudad puede ofrecer, no hay que olvidar añadir estas experiencias a la visita.

1 Explorar Gamla Stan
El encantador casco antiguo de Estocolmo *(p. 86)* es el origen de la ciudad, con callejuelas empedradas flanqueadas por edificios color mostaza y salmón perfectas para deambular, un paseo costero con hermosas vistas y cafés de aire antiguo para acomodarse y disfrutar de la clásica *fika* sueca.

2 Descubrir Djurgården
La frondosa isla de Djurgården *(p. 80)* alberga algunos de los lugares más emblemáticos de la ciudad, como el Vasamuseet *(p. 24)*, el museo al aire libre Skansen *(p. 22)* y el parque temático Gröna Lund *(p. 36)*, sin olvidar el divertido ABBA The Museum *(p. 82)* dedicado al famoso grupo sueco.

3 Viajar en crucero
Un paseo en barco por el impresionante archipiélago de Estocolmo *(p. 26)* regala unas pintorescas vistas de las boscosas islas y de las orillas salpicadas de casas de verano en madera. Con más de 30.000 islas, hay mucho que explorar, incluidos lugares solitarios perfectos para pasear y bañarse.

4 Ir de compras
Södermalm, una isla del sur de Estocolmo que en el pasado fue un barrio obrero, se ha revalorizado en los últimos 30 o 40 años. Convertido actualmente en el barrio más moderno de la ciudad, es famoso por las tiendas de segunda mano, los restaurantes y bares de moda, y el ambiente relajado.

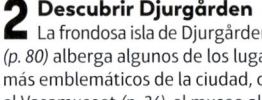

5 Hacer un pícnic

Estocolmo tiene multitud de parques y jardines, como Kungsträdgården (p. 70), famoso por sus cerezos en primavera, Rosendals Trädgård (p. 84), con su acogedora cafetería de café orgánico, y Hagaparken (p. 42), conocido por sus jardines de estilo inglés.

6 Presenciar el cambio de guardia

En Kungliga Slottet (p. 34), uno de los palacios más grandes de Europa, se puede asistir al cambio de guardia, una ceremonia solemne en la que 35 soldados elegantemente uniformados marchan al son de la banda.

7 Esquiar en Hammarbybacken

Hammarbybacken (p. 52), una montaña artificial en medio de la ciudad, es perfecta para practicar esquí alpino en invierno y ciclismo de montaña, escalada o esquí sobre hierba artificial cuando llega el buen tiempo.

8 Visitar el *tunnelbana*

El *tunnelbana* (metro) de Estocolmo no solo sirve para desplazarse, también es una galería de arte subterránea. Muchos de sus más de 100 estaciones y túneles de conexión están decorados con impresionantes murales, esculturas, mosaicos e instalaciones.

9 Degustar clásicos suecos en Östermalms Saluhall

En el antiguo mercado cubierto de Estocolmo (p. 83), se puede pasear entre los diversos puestos y probar las típicas delicias suecas, como bollos de canela, regaliz salado y arenques en escabeche.

10 Asistir a un partido de hockey sobre hielo

De septiembre a marzo se puede disfrutar del deporte de invierno más popular de Suecia. Los partidos de los equipos internacionales suecos se suelen jugar en el Avicii Arena (p. 102), en Johanneshov.

ITINERARIOS

Visitar magníficos museos, comer pescado fresco junto al mar, recorrer opulentos palacios y una amplia oferta para comer, beber o simplemente disfrutar de las vistas es lo que ofrecen estos itinerarios de 2 y 4 días que ayudan a aprovechar al máximo la visita a Estocolmo.

2 DÍAS

Día 1

Mañana
La jornada de exploración comienza en **Helgeandsholmen,** una pequeña isla unida a la ciudad por el **Riksbron,** un bonito puente que ofrece preciosas vistas de Estocolmo. El principal lugar de interés de la isla es el llamativo Riksdag *(p. 62),* sede del poder legislativo sueco desde 1905. Tras una visita guiada gratuita de este edificio neoclásico, puedes cruzar de nuevo el puente hasta **Gamla Stan,** el casco antiguo, y dirigirte a **Stortorget** *(p. 88).* Esta encantadora plaza, la más pintoresca de la ciudad vieja, alberga el **Kaffekoppen** *(cafekaffekoppen.se),* un café donde se puede disfrutar de la *fika* y probar sopas y bocadillos deliciosos.

BEBER
Para los que quieran continuar la velada tras la cena, hacia el sur está Berns Terrasen, el famoso bar del hotel Berns *(p. 114),* repleto de plantas y con excelentes cócteles e impresionantes vistas de Kungsträdgården.

Tarde
El **Nobelmuseet** *(p. 90)* es un fascinante museo dedicado a los Premios Nobel, que expone objetos de anteriores ganadores, como el chal rosa que llevó Malala Yousafzai en la ONU durante la celebración de sus 16 años. Tras explorar el museo, puedes cruzar al islote Riddarholmen para visitar la **Riddarholmskyrkan** *(p. 49),* la iglesia donde reposan los restos de los reyes y reinas de Suecia. Al caer la tarde, K25 *(k25.nu/se)* es un buen lugar para cenar, con distintas micrococinas que sirven desde curris bangladesíes hasta bocadillos italianos.

Día 2

Mañana
Comienza la mañana recorriendo el **Söder Mälarstrand,** un paseo panorámico que serpentea por la costa hasta la frondosa isla de **Långholmen.** Puedes seguirlo fácilmente a pie, en bicicleta *(rentbike.se)* o en patinete eléctrico *(p. 109).* Ya en la bahía de **Långholmsbadet** disfruta de las vistas del lago y del

Disfrutando de una *fika* en un café

imponente Stadshuset (p. 30) al otro lado y, en verano, de un baño refrescante. Regresa por **Söder Mälarstrand** y busca la **Operakällarens Bakfickan** (p. 73) que, situada junto a **Kungsträdgården** (p. 70), es el lugar ideal para comer.

Tarde

Dirígete a **Djurgården,** una isla con hermosos parques y museos increíbles. La mejor forma de llegar es en tranvía, ya que permite contemplar los grandes edificios que flanquean **Strandvägen** a la izquierda y las aguas salpicadas de barcas a la derecha. El **Vasamuseet** (p. 24) alberga el *Vasa,* un buque de guerra bellamente tallado que se hundió en el siglo XVII. Al atardecer toma el ferri de cercanías a **Gamla Stan,** con más vistas increíbles del agua. Luego puedes pasear por el barrio de moda de **SoFo,** con modernos restaurantes ideales para cenar y tomar una copa.

Disfrutando de un baño al sol en Långholmsbadet

TRANSPORTE
Se puede viajar en el tranvía-museo histórico que va de la ciudad a Djurgården por el mismo precio que un tranvía convencional. Funciona los fines de semana de primavera a otoño y de martes a domingo en verano.

K25

ÖSTERMALM

Kungsträdgården
Berns
Terrassen

Strandvägen

Operakällarens
Bakfickan

Vasamuseet

TRANVÍA

Riksbron
Helgeandsholmen ①

Riddarholmskyrkan

Nobelmuseet
Kaffekoppen

Stortorget

GAMLA
STAN

SKEPPSHOLMEN

Djurgården

er Mälarstrand

FERRI

Långholmen

Långholmsbadet

Långholmen

BICICLETA

Söder
Mälarstrand
②
a
Operakällarens
Bakfickan
2 km

0 metros   700

SÖDERMALM

0 metros   800

SoFo

Hagaparken
2 km

BIGICLEN

ÖSTERMALM

Vaxholm

Hembygdsgårds
Café

Vaxholm
4

Fortale

0 metros   800

FERRI

a Estocolmo

Stureplan

Östermalms
Saluhall

Vete-
Katten
2

Ekstedt

3

desde
Drottningholm
10 km

Fasching

Hötorgshallen

DÍA 2
TRANVÍA

Nordiska
Museet

Villa
Godthem

Kungliga Slottet **1**

Storkyrkan

Tradition

Skansen

Riddarfjärden

DÍA 1
FERRI

DÍA 4
FERRI

a Vaxh

HORNSTULL

0 metros   900

KATARINA-SOFIA

DANVIKEN

Pelikan

4 DÍAS

Día 1

Inicia la visita a Estocolmo en el Palacio Real, **Kungliga Slottet,** que abarca parte del noreste de Gamla Stan y está suntuosamente decorado. Destaca el Tesoro, repleto de oro y plata. Tras ver la **Storkyrkan,** la catedral medieval de la ciudad, puedes almorzar en una de las acogedoras cafeterías de Gamla Stan. Desde aquí, un corto trayecto en ferri te conduce a la frondosa Djurgården para pasar la tarde en **Skansen.** Este museo al aire libre es una forma

📷 **VISTAS**
Vale la pena quedarse en palacio para asistir a la ceremonia del cambio de guardia, que tiene lugar a diario hacia las 12.00. Entre mayo y agosto el cambio suele ir acompañado de una banda de música militar.

estupenda de conocer las tradiciones y costumbres rurales de Suecia. Para cenar, **Pelikan** *(p. 99)* ofrece cocina tradicional, como el *biff rydberg* (solomillo cortado en dados y frito), regado con el típico aguardiente sueco *aquavit.*

Día 2

Comienza el día tomando un café y un dulce en **Vete-Katten** *(p. 72),* una

**Las calles adoquinadas
de Djurgården**

institución de la vieja escuela que lleva endulzando paladares desde 1928. Después, puedes dirigirte al norte en bicicleta o patinete hasta el **Hagaparken** (p. 42), uno de los parques más populares de la ciudad, donde admirar la espectacular pagoda china y descansar en las praderas verdes de Stora Pelousen. Para saciar el hambre, **Hötorgshallen** es la mayor galería gastronómica de Suecia, donde puedes pedir un sándwich o una sopa de pescado. Después, toma un tranvía hasta el **Nordiska Museet** para una visita relámpago por la historia cultural nórdica; destaca la exposición sobre los lapones, un pueblo indígena del norte de Escandinavia. Cuando llega la noche, **Villa Godthem** (p. 85) ofrece cocina típica sueca.

Día 3

Merece la pena levantarse temprano para visitar **Drottningholm,** 10 km al oeste de la ciudad. Conocido como el Versalles sueco, este opulento palacio se construyó a finales del siglo XVII como residencia estival para la familia real sueca. Es fácil pasar todo el día recorriendo las salas y los jardines. Entre los lugares más emblemáticos está la hermosa biblioteca de la reina Lovisa Ulrika, cuyas paredes están cubiertas de pinturas. Los vastos jardines albergan lagos cubiertos de lirios, senderos arbolados y un jardín formal

barroco. Por la tarde, de vuelta a Estocolmo, haz una parada en **Östermalms Saluhall** para comprar recuerdos antes de dirigirte a **Tradition** (p. 93). Este acogedor restaurante de nueva cocina nórdica añade toques frescos a platos e ingredientes de la despensa sueca. Para terminar, el divertido club de jazz **Fasching** (fasching.se) ofrece copas y música en directo.

Día 4

Estocolmo es famosa por su archipiélago y no hay mejor forma de pasar el último día que recorriéndolo. Los ferris salen regularmente del centro de la ciudad hasta la histórica isla de **Vaxholm** en aproximadamente una hora y ofrecen unas magníficas vistas por el camino. En **Vaxholm** puedes pasear por sus antiguas casas de madera de delicados tonos pastel y detenerte a almorzar en **Hembygdsgårds Café** (p. 105). Pasa la tarde visitando la imponente **fortaleza** de la isla mandada construir por el rey Gustav Vasa en el siglo XVI. Si dispones de un par de días más, **Vaxholm** es una buena base para recorrer el resto del archipiélago. En caso contrario, puedes regresar a Estocolmo y disfrutar de una cena en **Ekstedt** (p. 85), ganador de una estrella Michelin. Los bares y discotecas que rodean **Stureplan** (p. 83) son perfectos para terminar el viaje a lo grande.

El palacio de Drottningholm en otoño

TOP 10 ESTOCOLMO

El buque de guerra Vasa, Vasamuseet

LO ESENCIAL DE
ESTOCOLMO

Estocolmo cuenta con algunos lugares que
no debes perderte. Descubre en las páginas
siguientes por qué cada uno de ellos es
una visita obligada.

STUREGATAN

BIRGER JARLSG.

VASAGATAN

HAMNGATAN

NORRMALM

CENTRO

Norrström

④

⑥

SLOTTSKAJEN

Riddarfjärden

CENTRALBRON

MUNKBROLEDEN

GAMLA
STAN

SKEPPSBRON

❶ Skansen

❷ Vasamuseet

❸ Archipiélago de Estocolmo

❹ Stadshuset

❺ Drottningholm

❻ Kungliga Slottet

❼ Gröna Lund

❽ Nordiska Museet

❾ Historiska Museet

❿ Hagaparken

0 metros   400

ÖSTERMALM

LINNEGATAN

NARVAVÄGEN

SKEPPARGATAN

RIDDARGATAN

9

STRANDVÄGEN

Nybroviken

BLASIE-
HOLMEN

8

2

SKEPPSHOLMEN

DJURGÅRDSVÄGEN

DJURGÅRDEN

1

7

Upplands-
Väsby

Åkersberga

Möja

Sundyberg

10 Hagaparken
Área del
plano principal

Värmdö

3

5 Drottningholm

Stavsnäs

Lago
Mälaren

Huddinge

Brevik

0 kilómetros   15

SKANSEN

📍 F4 🏠 Djurgårdsslätten 49-51 🕐 Desde 10.00 diario; los horarios varían, consultar la web 🌐 shansen.se 📱📷

Skansen es el primer museo al aire libre del mundo, fundado en 1891 para mostrar a una sociedad cada vez más industrializada cómo vivían sus antepasados. Contiene cerca de 200 edificios tradicionales procedentes de toda Suecia que se desmontaron, trasladaron y volvieron a montar *in situ*.

1 Bergbana

El funicular de Skansen, Bergbana, se construyó en 1897 para la Exposición de Estocolmo. Traccionado por cable, parte de la entrada de Hazelius y es una buena manera de recorrer el museo. Es ideal para visitantes en vehículo eléctrico o silla de ruedas, o simplemente para quienes deseen disfrutar del recorrido.

2 Edificios históricos

Este barrio muestra las casas de madera originales del siglo XIX. Se puede ver a personas con atuendo tradicional que hornean pan y fabrican objetos de barro. Hay granjas, iglesias y casas, algunas abiertas al público.

Bergbana, el funicular de Skansen

3 Cristal de Skansen

Sopladores de vidrio utilizan herramientas tradicionales para crear diseños únicos. Es posible ver cómo trabajan o intentar soplar uno mismo un

La colorida entrada principal de Skansen

6 Parque Galejan
Alberga tiovivos pintados a mano y otras atracciones de feria.

7 Baltic Sea Science Center
Este centro permite descubrir el rico mundo submarino de Suecia, del archipiélago costero a mar abierto, y aprender sobre los esfuerzos para preservar la vida salvaje del mar Báltico. No hay que perderse el acuario.

8 Mansión Skogaholm
Casa señorial que muestra la vida cotidiana de los suecos acaudalados y su servicio a finales del siglo XVIII. Abre solo para visitas guiadas (en inglés a las 12.00, 14.00, 16.00 y 17.00).

9 Jardines
Los jardines de Skansen no solo son bellos, sino que proporcionan un contexto paisajístico a los edificios. La granja Skåne tiene un jardín acorde con el sur rural de Suecia, mientras que los barrios urbanos incluyen huertos de la década de 1920 a la de 1940.

10 Caballo de Dalecarlia
En el corazón de Skansen, en lo alto de la colina de Orsa, se alza un gigantesco caballo de Dalecarlia –un juguete del siglo XVII convertido en símbolo de Suecia–.

EVENTOS ESPECIALES
Además de las principales festividades suecas –solsticio de verano, Navidad y Nochevieja–, hay actuaciones musicales los martes por la noche (fin jun-prin ago). Los espectáculos están incluidos en el precio de la entrada; más información sobre los horarios en la web.

COMER
La Shansen Terrassen ofrece comidas a buen precio. Hay disponibles opciones vegetarianas, un menú a la carta y platos para niños.

objeto como un cuenco o una flor.

4 Auditorio Solliden
Construido en 1938, el icónico escenario con forma de concha acoge conciertos. En él han actuado muchos artistas famosos.

5 Cafés y restaurantes
Aunque muchos visitantes traen su propia comida, hay varios lugares para comer, como Solliden (para un clásico *smorgås-bord*) y Tre Byttor Tavern, además de algunos quioscos de aperitivos.

Carrusel del parque Galejan

VASAMUSEET

⬚ Q4 ⬚ Galärvarvsvägen 14 ⬚ Jun–fin ago: 8.30-18.00 diario; sep–may: 10.00-17.00 diario (hasta 20.00 mi) ⬚ 23-25 dic ⬚ vasamuseet.se/en ⬚ ⬚

El Vaamuseet cuenta la historia del buque de guerra del siglo XVII *Vasa*, que se hundió en su viaje inaugural en 1628 y descansó bajo el agua hasta su recuperación 333 años después. Hoy, el barco es la pieza central de este museo, uno de los más visitados de Escandinavia, junto con varias maquetas y reconstrucciones que aportan un contexto.

1 Cubierta superior

La deteriorada cubierta superior se restauró en la década de 1990. Fue necesario añadir partes nuevas, pero se empleó tanta madera original como fue posible.

2 Artillería

El *Vasa* era un buque de guerra armado con una potente artillería.

Disponía de 48 cañones de hierro fundido de 24 libras en las cubiertas superior e inferior.

CONSEJO TOP 10

El museo ofrece audioguías en numerosos idiomas y visitas guiadas en inglés.

3 Popa

Muchas de las 500 esculturas del buque se concentraban en la popa, símbolo del poder de Suecia. Aunque estaba muy deteriorada, se ha restaurado con cuidado para recuperar la ornamentación.

4 Mascarón de proa

El buque lo mandó construir el rey Gustavo II

El buque de guerra *Vasa* magníficamente restaurado

Esculturas expuestas en el Vasamuseet

Plano del Vasamuseet

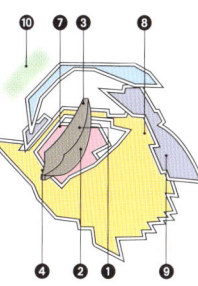

Simbología
- Planta baja
- Segunda planta
- Tercera planta
- Cuarta planta

NAUFRAGIO

El 10 de agosto de 1628 el *Vasa*, atracado junto a Kungliga Slottet, estaba listo para zarpar *(p. 34)*. Primero fue arrastrado con anclas y, cuando empezó a avanzar por sí solo, se desplegaron cuatro de sus diez velas. Con la primera ráfaga de viento el barco se escoró dos veces. Luego le entró agua por las troneras de los cañones y se hundió tras recorrer 1.300 m. Se estima que murieron 30 de las 150 a 200 personas que iban a bordo. La falta de lastre para compensar el peso de los cañones y jarcias le restó estabilidad y provocó el naufragio.

diversos objetos. En el puente superior de artillería había un sombrero, utensilios de costura, un peine, guantes, un barril, una cuchara de madera, monedas y pequeños objetos personales.

Adolfo, conocido como el León del Norte, sobrenombre al que hacen referencia las numerosas esculturas de león del barco. La mayor es la cabeza de león del mascarón de proa, de 3 m de largo y 450 kg de peso, que porta el escudo de armas de la dinastía Vasa.

7 Esqueletos
Durante el reflotamiento del buque se encontraron los esqueletos de 15 marineros. La exposición "Cara a cara" permite conocer a algunos de los miembros de la tripulación del *Vasa* a través de un documental y seis reconstrucciones faciales.

5 Esculturas
Algunas esculturas, como uno de los querubines, muestran la imagen que Gustavo II Adolfo quería proyectar de sí mismo y de Suecia.

8 Documental
El redescubrimiento del pecio por el arqueólogo sueco Anders Franzén y su cuidadoso reflotamiento del fondo del mar entre 1959 y 1961 son el tema de un breve documental que se proyecta en el museo.

6 Objetos
Por el barco y el fondo marino se encontraron

9 Cañones
Más de 50 de los 64 cañones originales se

recuperaron en el siglo XVII, empleando una campana de buceo. El museo expone tres de los más grandes, fundidos en bronce y con un peso de 1,2 toneladas cada uno.

10 Jardín del Vasamuseet
En el jardín se cultivan plantas que eran necesarias para mantener la salud de la tripulación; el lúpulo, recolectado al final del verano, daba sabor a la cerveza y la conservaba.

Cañón rescatado del naufragio del *Vasa*

ARCHIPIÉLAGO DE ESTOCOLMO

🚇 Desde Estocolmo

Este gran archipiélago, que se extiende 80 km al este de Estocolmo hasta mar abierto, comprende cerca de 30.000 islas de diversa forma y tamaño, algunas habitadas y otras no. A muchas de ellas, con sus típicas casas de madera, se puede acceder gracias a una extensa red de ferris.

1 Utö

Situada en la zona sur del archipiélago, Utö ha estado habitada desde antes de la era vikinga. Hoy se pueden practicar actividades como remo y ciclismo. Dispone de bonitas playas, buenos alojamientos y cafés.

🚌 TRANSPORTE

El transporte público a las islas es limitado (sobre todo en invierno), a veces solo un barco al día. Waxholmsbolaget (*waxholmsbolaget.se*) es la principal compañía de ferris.

2 Sandhamn

Su puerto es el centro náutico del archipiélago. El Real Club Náutico Sueco tiene su base en el Seglarrestaurangen (Restaurante de los Marineros) desde hace más de 100 años. También tiene una magnífica playa, Trouville, que es perfecta para familias.

3 Fjäderholmarna

Esta isla es un destino ideal para quienes deseen acercarse al archipiélago sin realizar travesías largas. Se puede llegar en barco desde Nybroplan o Slussen entre mayo y octubre.

4 Vaxholm

La ciudad principal del archipiélago está vigilada por una antigua fortaleza. Hay muchos restaurantes y cafés junto al muelle. También se puede acceder a la isla en autobús.

ISLAS RURALES

Gällnö ofrece impresionantes paisajes con campos de cultivo, praderas y rocas glaciares. Själbottna, parte de la reserva natural de Östra Lagnö, es ideal para acampar y bañarse en lugares recónditos. Landsort, en el extremo sur de Öja, alberga el faro en funcionamiento más antiguo del país. Rödlöga es una isla granítica en la zona exterior del archipiélago.

5 Grinda
Esta isla es uno de los destinos principales del archipiélago. Ofrece una amplia gama de alojamientos y sus restaurantes son muy populares en verano.

6 Finnhamn
Se puede acceder en barco a este grupo de islas en el archipiélago exterior durante todo el año. Su encantador albergue recibe

Casas de madera pintada en Fjäderholmarna

huéspedes de finales de primavera a otoño.

7 Siaröfortet
Construido como defensa contra fuerzas navales, este fuerte es un laberinto de estancias subterráneas y piezas de artillería incrustadas en la roca. Se desmanteló en la década de 1960 y se ha restaurado como museo.

8 Ängsö Nationalpark
Este parque nacional, fundado en 1909, es el lugar ideal para descubrir cómo era Suecia

hace cientos de años. Se puede visitar a través de una red de caminos señalizados.

9 Norröra
Carreteras escarpadas serpentean entre casas de madera en esta isla que sirvió de inspiración a la escritora Astrid Lindgren.

10 Arholma
Gran parte de esta bella isla, último destino al norte del archipiélago, es una reserva natural. Es interesante ver el palo de mayo y el faro de Arholma, de 1768, convertido ahora en una galería de arte.

El viejo faro de Arholma

Actividades en el archipiélago

1. Playas y natación
El agua puede estar bastante fría, pero eso no impide que la gente se lance a darse un chapuzón durante los meses de verano. La popular isla de Grinda, a aproximadamente una hora en ferri desde el centro de Estocolmo, tiene algunas buenas playas para nadar y buena pesca. Otra opción es Björkvik (se puede tomar el autobús 428X que sale desde Slussen), con playas de arena y bonitas vistas costeras.

2. Alojamiento en granjas
Östanviks Gård (*ostanviksgard.se*), en la isla de Nämdö, es una próspera granja del archipiélago que data del siglo XVI. Es posible alojarse en ella o comprar productos en su pequeña tienda. También se puede recorrer en tractor y disfrutar de un pícnic en la granja.

3. Rutas en kayak
En Ingmarsö se alquilan kayaks individuales o dobles (*ingmarso.se*) y se realizan recorridos en grupo con guía por las islas cercanas. La travesía

La terraza del Archipelago Restaurant

en barco de Estocolmo al muelle sur de Ingmarsö dura dos horas y media, y llega al muelle sur de la isla.

4. Excursión con comida en un restaurante del archipiélago
Varias agencias organizan excursiones de un día con comida, sobre todo porque los restaurantes suelen estar reservados con antelación en temporada alta. La web de Skargarden (*visitskargarde.se*) ofrece información sobre las excursiones.

5. Alquiler de cabañas
Alquilar una cabaña para un fin de semana o más tiempo permite experimentar la vida en una isla. Algunas tienen pocas tiendas (y no suelen vender bebidas alcohólicas), así que puede que sea necesario llevarse gran parte de las provisiones, o todas. Stockholm Archipielago Vacation Rentals (*skargardsstugor.se*) alquila cabañas en el archipiélago.

6. Senderismo y barcos
El inmenso archipiélago de Estocolmo está a un corto trayecto en barco de la ciudad. Waxholmsbolaget (*waxholmsbolaget.se*) ofrece un servicio

Las tranquilas aguas de Ingmarsö, perfectas para el kayak

regular de barco y ferri por toda la región. Existe un abono para viajar entre islas durante cinco días que se puede utilizar en todos los barcos de Waxholmsbolaget. Va acompañado de un mapa con rutas, que incluye los puntos de llegada, cómo atravesar la isla a pie y dónde tomar el siguiente ferri.

7. Pesca
No es necesario disponer de un permiso para pescar con aparejo de mano en el archipiélago. También se pueden contratar guías, muchos de los cuales ofrecen barco, equipo, chaleco salvavidas y vadeador. De vez en cuando se organizan travesías de pesca (más información en las oficinas de turismo).

8. Travesías invernales
Una travesía invernal permite disfrutar de la paz del archipiélago entre la nieve y el hielo. Strömma (*stromma.se*) ofrece un recorrido de tres horas con *brunch* a bordo de un barco de 95 años, el *S/S Stockholm*, que zarpa los sábados y los domingos a las 12.00. Originariamente se trataba de un barco que despachaba el correo entre Kalmar y Öland.

9. Barcos de vapor
En verano se pueden realizar travesías en antiguos barcos de vapor perfectamente conservados. Hay servicios regulares para hacer excursiones a islas como Vaxholm o Grinda, y también cruceros diurnos y nocturnos con la opción de almorzar o cenar a bordo.

10. Acampada
Gracias al derecho de acceso a la naturaleza, está permitido acampar en la mayoría de los espacios abiertos del archipiélago, siempre sin dejar huella y llevándose la basura consigo. También existen muchas zonas de acampada con agua potable y aseos, que pueden ser gratuitas o de bajo coste.

Acampando en la isla de Håkanskär

STADSHUSET

📍 K4 🏠 Hantverkargatan 1 🕐 8.00-16.30 lu-vi 🌐 stockholm.se/
CityHall 🔲

Dominando la bahía, el imponente ayuntamiento de ladrillo rojo ha sido un símbolo de Estocolmo desde que se finalizó en 1923. El edificio alberga oficinas municipales y solo puede accederse a él con una visita guiada, aunque es posible pasear por el patio y el jardín, así como subir a su esbelta torre.

1 Salón Dorado
Más de 18 millones de teselas de vidrio y oro, obra del artista local Einar Forseth (1892-1988), decoran las paredes de este impresionante salón. El mosaico de inspiración bizantina representa la historia de Suecia.

2 Salón Azul
El arquitecto Ragnar Östberg proyectó este salón, sede del banquete de los Premios Nobel, con las paredes de ladrillo pintadas de azul, pero quedó tan maravillado con el rojo natural que cambió de idea.

3 Cámara del concejo
Los concejales de Estocolmo se reúnen cada tercer lunes en esta magnífica estancia, llamada Rådsalen en sueco. El techo, de 19 m de altura, está inspirado en el periodo vikingo sueco. El palco para el público tiene capacidad para unas 200 personas.

4 Salón Oval
Aquí se celebran bodas y uniones civiles. Las paredes están cubiertas con cinco tapices de 300 años de antigüedad.

5 Galería del Príncipe
En la fachada sur del Stadshuset hay unos ventanales con vistas al lago Mälaren y

Plano del Stadshuset

Desde abajo, en el sentido de las agujas del reloj **Galería del Príncipe con sus frescos;** *La canción (Sången),* **escultura de Carl Eldh; jardines del Stadshuset**

📷 **VISTAS**
Desde lo alto de Centralbron, el puente del ferrocarril, se disfruta de una magnífica vista del Stadshuset sobre el agua.

Södermalm; en el muro opuesto de la sala, el fresco *Litoral de Estocolmo* (1922), pintado por el príncipe Eugenio, hermano del rey Gustavo V, representa el mismo paisaje.

6 Torre
⬛ May-sep

La terraza que hay en lo alto de esta torre de 106 m ofrece magníficas vistas de la ciudad. Un ascensor sube hasta media altura –donde se encuentra el Tornmuseet

Stadshuset y la bahía de Riddarfjärden

(Museo de la Torre)– pero hay que subir el resto a pie.

7 Tres coronas
La torre está rematada por tres coronas de oro –Tre Kronor–, símbolo heráldico y emblema nacional de Suecia.

8 Restaurante del sótano
Stadshuskällaren *(p. 79)*, el restaurante del sótano, sirve una gran variedad de platos clásicos suecos, como albóndigas y salmón marinado.

9 Jardín
El jardín, frecuentado por turistas y personas que desean tomar el sol, está entre el lago Mälaren y el edificio del ayuntamiento.

10 Estatuas
El bello jardín está lleno de esculturas. La

escalera que desciende hasta la orilla aparece flanqueada por *La canción* y *La danza*, de Carl Eldh. En el rincón sureste, sobre un pilar de 20 m, *se alza Engelbrekt, el Libertador*, obra de Christian Eriksson.

BANQUETE DEL NOBEL

Cada 10 de diciembre, tras la entrega de los Premios Nobel, se celebra un banquete en el salón Azul del Stadshuset. Entre los 1.300 invitados se incluyen miembros de la familia real sueca y 250 estudiantes. Los galardonados ofrecen discursos y se realizan brindis ceremoniales. La radio y la televisión suecas transmiten el banquete en directo.

DROTTNINGHOLM

📍 G2 🕐 Los horarios varían, consultar la web 🌐 hungligaslotten.se ↗

Patrimonio de la Humanidad de la UNESCO desde 1991, el singular complejo barroco y rococó de Drottningholm, con su palacio, teatro, parque y pabellón chino, se conserva maravillosamente. El ala sur es el hogar de la familia real sueca desde 1982, pero el resto del palacio y los jardines están abiertos al público.

1 A Drottningholm en barco

De mayo a octubre se puede llegar del centro de la ciudad al palacio en un barco de vapor por el lago Mälaren. Zarpan de Stadshusbron, al lado del ayuntamiento. Horarios y precios en la página web del palacio.

2 Escalera

La balaustrada de la escalera principal del palacio está decorada con nueve estatuas de musas y las paredes aparecen cubiertas con un trampantojo pintado por Johan Sylvius.

3 Biblioteca de la reina Lovisa Ulrika

La biblioteca, decorada en el siglo XVIII para la reina por Jean Eric Rehn, alberga pinturas de

Escalera con las estatuas de las nueve musas

> ☕ **BEBER**
> En el centro de visitantes, junto al paseo ribereño del palacio, la cafetería de estilo suizo es perfecta para tomar un café y un dulce.

eventos históricos, como la marcha a través del estrecho danés Storebælt en 1658, y bonitos elementos decorativos rococó.

4 Estudio de Evert Lundquist

En este estudio se exponen pinturas al óleo, dibujos y grabados de Evert Lundquist (1904-1994).

Impresionante palacio y jardines de Drottningholm

ordenó construir este pabellón como regalo sorpresa para su esposa Lovisa Ulrika, existía un gran interés por todo lo relativo a la cultura china. Luce el estilo típico de la China del siglo XVIII.

9 Sendero por la naturaleza

El camino está cerca del pabellón chino y ofrece un tranquilo recorrido a todo el que desee descubrir la flora, la fauna y la historia cultural de la isla de Lovön, donde se encuentra Drottningholm. La ruta está señalizada también en braille.

CONSEJO TOP 10

Para presupuestos limitados, visitar los jardines y la tienda de la guardia es gratis.

5 Dormitorio de la reina Hedvig Eleonora

Esta ornamentada alcoba, en cuya decoración se emplearon 15 años, era el corazón de la sala de recepciones en el siglo XVII.

6 Teatro Real

El teatro de 1766 conserva intacto su aspecto original. Cada verano acoge unas 30 representaciones, principalmente ópera y *ballet* del siglo XVIII con vestuario de época.

7 Tienda de la guardia

Esta tienda, construida en 1781 como barracón para los dragones (soldados) de Gustavo III, recuerda a las de un campamento militar turco. Una de las salas está dedicada a la historia de la Guardia Real de Drottningholm.

8 Pabellón chino

En 1753, año en que el rey Adolfo Federico

RESIDENCIA REAL

El palacio de Drottningholm se convirtió en residencia oficial de la familia real en 1981, tras haber recibido y perdido el favor de sucesivos monarcas suecos a lo largo de sus casi 300 años de existencia hasta ese momento. Durante los primeros 150 años se usó como residencia de verano; con Carlos XIV Juan (1818-1844) quedó abandonado y fue deteriorándose, y en los reinados de Óscar I, Óscar II y Gustavo V se restauró poco a poco.

10 Jardín barroco

La zona más antigua de los jardines presenta un estilo formal francés. Muchas de las esculturas proceden de ciudades tomadas por los suecos, como las del palacio Wallenstein de Praga.

Dormitorio de la reina Hedvig Eleonora

KUNGLIGA SLOTTET

M4 Slottsbachen, Gamla Stan May-sep: 10.00-17.00 diario (jul y ago: desde 9.00); oct-abr: 10.00-16.00 diario kungligaslotten.se

Kungliga Slottet, el Palacio Real de Suecia, es una de las residencias reales más grandes y lujosas de Europa. Con más de 1.400 estancias y varios museos, este gran palacio alberga joyas y objetos de un valor incalculable, y es merecidamente uno de los principales lugares de interés de la ciudad.

1 Guardia Real
La Guardia Real forma parte de las Fuerzas Armadas suecas y protege el palacio desde 1523. El cambio de guardia tiene lugar cada día a las 12.00, en ocasiones con música.

2 Tesoro
Aquí se guardan los tesoros reales, incluida la corona del rey Erico XIV. Hay una pila bautismal de plata de 1696 que sigue usando la realeza.

3 Museo Tre Kronor
Construido en torno a los restos de una muralla defensiva del siglo XII y ubicado bajo bóvedas de los siglos XVI y XVII, este museo muestra el palacio original Tre Kronor, destruido en su mayoría por un incendio en 1697.

4 Museo de Antigüedades de Gustavo III
Este museo, inaugurado en 1794, incluye una colección de estatuas adquiridas por el rey Gustavo III en una visita a Italia en 1783.

5 Salón de Estado
Esta sala, la estancia más destacada de los apartamentos reales, alberga el trono de plata de la reina Cristina, que sucedió a su padre con solo 5 años y después abdicó a los 28.

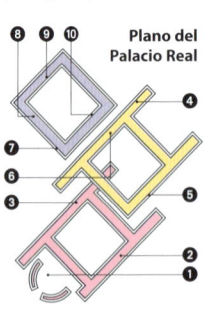

Plano del Palacio Real

Simbología
- Planta baja
- Primera planta
- Segunda planta

Los opulentos apartamentos Bernadotte

> 🛍 **COMPRAR**
> La tienda de regalos del palacio, en el patio exterior, vende recuerdos y artículos para el hogar inspirados en piezas de los siglos XVII-XIX.

6 Apartamentos Bernadotte

El rey recibe a los dignatarios extranjeros en el gabinete Octogonal Oriental –las estancias conservan el mobiliario de mediados del siglo XVIII–. No hay que perderse la biblioteca.

7 Apartamentos de invitados

Entre ellos está el bonito salón Meleager, que combina los estilos rococó y gustaviano.

También alberga un piano de pared de caoba con pilastras de mármol blanco.

8 Apartamentos reales

La familia real vive en Drottningholm desde 1981, pero el palacio conserva huellas de sus anteriores residentes. El salón de baile Mar Blanco refleja la elegancia del siglo XVIII.

9 Galería de Carlos XI

Esta magnífica estancia es el salón de banquetes del palacio. Aquí se celebran cenas oficiales y la cena en honor a los ganadores de los Premios Nobel.

10 Capilla Real

En esta bella capilla se celebra misa cada

HISTORIA DEL PALACIO

Kungliga Slottet se construyó como fortaleza en el siglo XIII y fue transformado en palacio en el siglo XVII. Nicodemus Tessin el Joven inició las obras de remodelación en 1692, pero en 1697 un incendio destruyó gran parte del edificio. Tessin realizó los planos del nuevo palacio –la idea era que las obras duraran unos cinco años–, pero la familia real no pudo instalarse en él hasta 1754.

domingo para los empleados de la corte; pueden asistir los visitantes. También alberga conciertos de música clásica.

Desde la derecha, en el sentido de las agujas del reloj **Ceremonia del cambio de guardia; exposición del palacio; la encantadora capilla Real; impresionante exterior de Kungliga Slottet**

GRÖNA LUND

⊞ R6 ⌂ Lilla Allmänna gränd 9 ⊙ Los horarios varían, consultar la web
ⓦ gronalund.com

Inaugurado en 1833, Gröna Lund (Arboleda Verde) es el parque de atracciones más antiguo de Suecia –una combinación de instalaciones modernas y tradicionales en un precioso entorno junto a la bahía–. Los amantes de la adrenalina adoran sus ocho montañas rusas, pero hay opciones más tranquilas, como tiovivos del siglo XIX y casetas de feria.

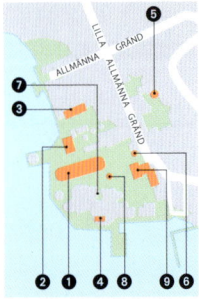

2 Lustiga Huset
La Casa Divertida es una atracción de la década de 1920 con habitaciones locas y puentes tambaleantes y alfombras voladoras. Ha servido de inspiración para el diseño de varias casas similares en todo el mundo.

3 Kärlekstunneln
El Túnel del Amor atraviesa un mundo mágico salpicado de luces titilantes. Para tomarse de la mano, darse un beso o simplemente sentarse y disfrutar de su encanto.

4 Flygande Mattan
La Alfombra Voladora supone una experiencia salvaje y trepidante. Justo lo que se espera de esta instalación. Para más emoción, hay que sentarse al borde.

CONSEJO TOP 10

En el parque no se acepta efectivo, por lo que no hay que olvidar llevar la tarjeta.

1 Montañas rusas
Hay ocho montañas rusas en Gröna Lund, entre las que se incluyen el Monster, que alcanza los 90 km/h, y el Twister de madera junto a la orilla. La Ladybird resulta adecuada para todas las edades.

Tiovivo del siglo XIX en Gröna Lund

HISTORIA

Al principio, el mayor reclamo de Gröna Lund era un tiovivo movido por un caba-llo. En la década de 1920 Gustav Nilsson, hijo del fundador Jacob Schultheis, aña-dió atracciones y le-vantó el primer esce-nario. La popularidad del parque aumentó en la década de 1960, pero se mantiene fiel a sus orígenes.

de las más altas de Europa, es solo para los más valientes, y sin duda para quienes no tengan miedo a las alturas. Para ver la ciudad a vista de pájaro, nada como subir a Fritt Fall Tilt, que añade emoción inclinándose antes de caer.

5 Tiovivo antiguo

El tiovivo data de 1892. Se puede ir montado en adorables cerditos, imponentes leones, caballos blancos e incluso una jirafa.

6 Torre de caída libre

Esta atracción con una caída libre de 80 m, una

7 Blå Tåget

Es un clásico tren fantasma que data de 1935, pero se ha añadido tecnología moderna para asustar a los visitantes.

8 Eclipse

Esta vertiginosa atracción de sillas voladoras, de 122 m de altura, fue la más alta del

mundo de su clase cuando se inauguró en 2013 y ofrece una vista impresionante de la capital.

9 Escenarios

Hay un escenario grande y otro pequeño, con algunos conciertos incluidos en la entrada. En caso de grandes eventos, la entrada es más cara. La *guldkortet* (tarjeta dorada) da acceso al parque, con atracciones gratuitas y entrada a conciertos durante un año.

10 Restaurantes y bares

El parque ofrece siete restaurantes y bares, y quioscos en los que se venden gofres y helados. También hay puestos de comida tailandesa y mexicana, falafeles, kebabs y hamburguesas.

COMER
El restaurante Mamma Mia! The Party *(mammamia theparty.se)* ofrece un menú mediterráneo mientras unos músi-cos tocan *Waterloo*. Conviene reservar.

El parque Gröna Lund desde el otro lado de la bahía

NORDISKA MUSEET

📍 Q4　🏠 Djurgårdsvägen 6-16　🕐 Jun-ago: 10.00-18.00 diario; sep-may: 10.00-17.00 diario (hasta 20.00 mi)　🌐 nordiskamuseet.se　📷📹

El Museo Nórdico, dedicado a la historia cultural sueca, tiene más de 1,5 millones de piezas que documentan el día a día de los habitantes de Suecia desde el siglo XVI hasta la actualidad. Creado por Artur Hazelius, fundador de Skansen, la colección tiene desde ropa hasta réplicas de casas de época.

1 Vestíbulo
El imponente vestíbulo principal parece la nave de una catedral gótica. En el centro de la entrada se alza una estatua monumental del rey Gustav Vasa (1523-1560), tallada en madera de roble por Carl Milles en 1924.

2 Tradiciones
¿Cuándo comen los suecos los *semlor*, unos bollos con mazapán? ¿Dónde surgieron las celebraciones típicas navideñas? ¿Cuál es el origen del palo de mayo? La respuesta a estas y otras preguntas se encuentra en esta exposición dedicada a las distintas fiestas del año.

3 A la mesa
Las recreaciones de servicios de mesa del siglo XVI al XX muestran las costumbres en relación con la comida y la bebida y cómo han ido cambiando las vajillas, los cubiertos y los vasos a lo largo de los siglos.

CONSEJO TOP 10

Pida una audioguía para ver lo mejor del museo en una hora.

Estatua del rey Gustav Vasa en el vestíbulo

Plano del Nordiska Museet

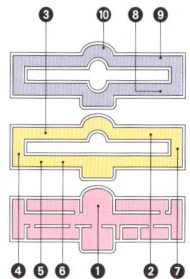

Simbología
- Planta baja
- Primera planta
- Segunda planta

conocimientos de generación en generación, un legado que perdura hoy en día a través del diseño sueco.

9 Vida lapona en Suecia

Los lapones son el único pueblo indígena de los países nórdicos y el más septentrional de Europa. Esta exposición de la segunda planta muestra cómo es su día a día y su influencia en la cultura sueca.

10 Pequeños objetos de 1700-1900

Artur Hazelius empezó a reunir las piezas de esta colección en 1872. En sus recorridos por la Suecia rural, Hazelius fue adquiriendo una amplia variedad de objetos domésticos.

Fachada de estilo renacentista del museo

4 Capturar el momento

Se exponen imágenes de Kerstin Bernhard (1914-2004), famosa por sus fotografías de moda y alimentos.

5 Casas de muñecas

Hay 15 casas de muñecas que muestran la decoración de los hogares en diferentes periodos de la historia.

6 Década de 1950

La muestra está dedicada a las prendas de vestir de la década de 1950, cuando la moda se vio influida por la economía y la llegada de nuevas ideas. Se pueden ver atuendos cotidianos y elegantes de mujeres adineradas y modestas.

7 Colección Strindberg

El museo cuenta con la mayor colección del mundo dedicada a las pinturas de August Strindberg. Se exponen 16 de ellas, además de algunas fotografías tomadas por el artista y varios de sus manuscritos originales.

8 Arte popular sueco en los siglos XVIII y XIX

El arte popular floreció en los siglos XVIII y XIX. Los artesanos transmitieron sus

> **BEBER**
> El Café Lushnäppen, en el patio trasero del museo, sirve cafés y refrescos, además de sándwiches, dulces y helados.

Exposición de la colección de arte popular sueco

HISTORISKA MUSEET

Q2 · Narvavägen 13-17 · Jun-ago: 11.00-18.00 ma-do; sep-may: 11.00-17.00 ma-do (hasta 20.00 mi) · Solsticio de verano · historiska.se

Inaugurado en 1943, el Museo de Historia de Suecia alberga gran cantidad de piezas tras sus hermosas puertas de bronce esculpidas. Destacan la espectacular sala del Oro y un esqueleto de 7.000 años, además de exposiciones sobre vikingos y arte medieval.

Relicario enjoyado de la sala del Oro

1 Sala del Oro
Entre las valiosas piezas de esta estancia hay joyas de la Edad del Bronce y un relicario medieval de oro con piedras preciosas, ejemplo de la maestría de los artesanos de la época.

2 Vikingos
Además de elaboradas espadas, se exponen objetos cotidianos que demuestran que los vikingos vivieron habitualmente como pacíficos comerciantes, lo que desmonta muchos de los mitos que existen sobre este pueblo. Una visita virtual permite recorrer una iglesia del siglo XII.

3 Alce de Alunda
Esta cabeza de alce en piedra se usaba como hacha ceremonial. En la Edad de Piedra, animales como el alce y el oso representaban a los dioses.

4 Objetos de la Edad del Bronce
Después de 3.000 años se han descubierto, a menudo de forma casual, piezas muy valiosas. Hay figuras humanas de bronce halladas en Skåne, un cuenco de oro encontrado por un militar y su hija en 1847 y una copa de oro desenterrada por una viuda en 1859, por la que obtuvo el equivalente a seis meses de sueldo.

COMPRAR
En la tienda del museo puede encontrarse de todo, desde juguetes y libros sobre vikingos hasta joyas hechas a mano.

5 La mujer de Barum
La vitrina contiene el esqueleto de una mujer de 150 cm de estatura que vivió en la Edad de Piedra. Se sabe que murió con unos 45 años y que había tenido un gran número de hijos. Fue descubierta en la década de 1930, enterrada en un pozo.

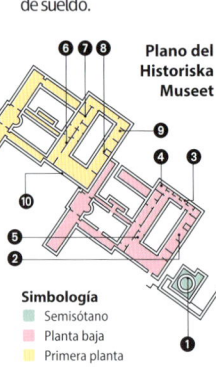

Plano del Historiska Museet

6 7 8
9
4 3
10
5
2
1

Simbología
- Semisótano
- Planta baja
- Primera planta

La exposición de arte medieval

6 Virgen de Viklau

La madera ha sido un material muy utilizado para la escultura en Suecia. Esta Virgen sin el niño, dorada y policromada, es uno de los ejemplos mejor conservados de escultura medieval temprana sueca. Procede de la iglesia de Viklau, en la isla de Gotland, y data de finales de la década de 1100.

7 "Masacre medieval"

Con ayuda de objetos únicos como estas oxidadas armaduras, se relata la terrorífica batalla librada entre los campesinos de Gotland y los soldados bien entrenados del ejército danés.

8 Arte medieval

Esta extraordinaria muestra se compone de elementos decorativos eclesiásticos, como elaborados retablos, tallas en madera y arte sacro desde el siglo XII hasta el XVI.

Armaduras de la exposición "Masacre medieval"

9 Desentrañar la historia

Una fascinante exposición con obras creadas por diferentes artistas examina la historia del país y cómo ha influido en la sociedad sueca. Todas las piezas están inspiradas en colecciones del museo.

10 Historia de Suecia

La muestra recorre la historia del país del siglo XI a la actualidad tomando como referencia eventos en la vida de personas reales, algunas famosas y otras menos conocidas.

PUERTAS DE BRONCE

Las puertas de bronce del museo se conocen como Historiens Portar (Puertas de la Historia). Los grabados representan la historia del país de la Edad de Piedra a la Edad Media, con una excepción: una botella de cerveza de 1950 en la puerta derecha en homenaje a los constructores del museo.

HAGAPARKEN

📍 G2   🏠 4 km al norte de Estocolmo   🌐 kungahuset.se   ♿ ♿

El histórico Haga, una gran zona verde al norte de la ciudad, es uno de los espacios al aire libre más populares de Estocolmo. Creado a finales del siglo XVIII por el rey Gustavo III, este parque de estilo inglés alberga bosquecillos y praderas surcados por senderos. Aquí pueden encontrarse varias construcciones interesantes, como la pagoda china, las tiendas de cobre y el pabellón de Gustavo III.

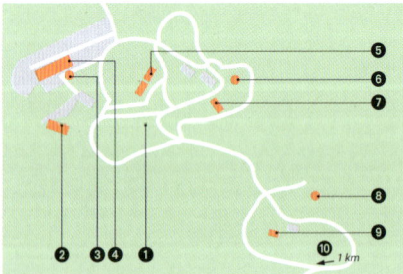

1 Stora Pelousen

La *pelouse* –césped en francés–, reflejo del carácter inglés del parque, ha sido un lugar de ocio para los habitantes de Estocolmo durante más de 200 años. En verano se llena de gente para tomar el sol y en invierno para esquiar o lanzarse en trineo.

2 Tiendas de cobre

Diseñadas por el arquitecto francés Louis Jean Desprez, las fachadas de las tiendas están cubiertas con planchas de cobre pintadas que le dan aspecto de campamento de sultán. La tienda central alberga el museo del parque.

3 Cafés

Las tiendas de cobre tienen una cafetería y mesas para comer en su interior. El pequeño café del parque también sirve café y tentempiés.

4 Fjärilshuset

⏰ Los horarios varían, consultar la web

Incluso durante el duro invierno sueco, la temperatura diurna de este mariposario y aviario jamás desciende de 25 ºC. Cientos de mariposas revolotean alrededor de

Fachada neoclásica del pabellón de Gustavo III

había comenzado hacía unas décadas. Abre solo para visitas guiadas, los fines de semana de mayo a agosto; visitas en inglés a las 15.00.

8 Pagoda china

La estructura octogonal se construyó en 1787 y el techo apuntado se remató con cabezas de dragón. Durante la restauración de 1974 se sustituyeron los deteriorados dragones de roble originales por otros de plástico reforzado.

9 Pabellón turco

En este pabellón finalizado en 1788 solía reunirse el rey Gustavo III con sus consejeros más cercanos. Está proyectado devolverle

> **CONSEJO TOP 10**
>
> Se puede descargar la guía gratuita del parque en inglés en *onspotstory.com*.

> **CELEBRIDAD SUECA**
>
> Gran parte de los escritos del compositor, músico y poeta Carl Michael Bellman (1740-1795) están relacionados con el parque, aunque solo compuso una canción sobre él. La letra de la popular *Fjäriln vingad syns på Haga* describe la belleza del parque. Muchos suecos la conocen de memoria.

el mobiliario original, que ha sido localizado en varios palacios reales.

10 Bulevar Haga

🕐 15.00-23.00 lu-vi, 10.30-17.00 sá y do
Situado en el extremo sur del parque, en una estación de autobuses de la década de 1960, es perfecto para jugar a la petanca. Después se puede disfrutar de especialidades francesas en el café.

---

los invernaderos repletos de plantas tropicales y salpicados de cascadas. Este oasis proporciona un hábitat perfecto para insectos tropicales, arañas y loros.

5 Ruinas de Haga

En 1786 se iniciaron las obras de este gran palacio inspirado en el de Versalles, pero se detuvieron cuando Gustavo III fue asesinado. La construcción no llegó a terminarse.

6 Ekotemplet

El Templo del Eco, monumento nacional sueco, se construyó en 1790 como comedor estival para el rey Gustavo III. Es un museo al aire libre y un popular escenario de bodas.

7 Pabellón de Gustavo III

Este palacete de 1787 tiene amplios y luminosos interiores inspirados en las antiguas villas romanas de Pompeya, cuya excavación

El Ekotemplet, popular escenario de bodas

LO MEJOR DE ESTOCOLMO

Café y bollería, los básicos de la fika

MUSEOS Y GALERÍAS

2 Nordiska Museet

Este museo (*p. 38*), dedicado a la historia cultural de Suecia, muestra el estilo de vida, las tradiciones, el arte popular y los tejidos y moda nórdicos en diferentes épocas. El museo ocupa un grandioso edificio en la isla de Djurgården.

3 Fotografiska

Inaugurada en 2010 como centro de fotografía contemporánea, esta galería (*p. 97*) ofrece cuatro grandes exposiciones al año, además de muchas otras más pequeñas. Ocupa un edificio industrial de estilo modernista en el litoral de Estocolmo y tiene un excelente café-bar.

1 Vasamuseet

A pesar de su impresionante aspecto, el *Vasa*, el único buque de guerra del siglo XVII que se conserva completo, se hundió poco después de zarpar en su viaje inaugural en 1628, y no fue reflotado hasta 1961. El Vasamuseet (*p. 24*), de cuyo techo sobresalen tres mástiles, es un museo único.

4 Nationalmuseum

La colección del Museo Nacional de Suecia (*p. 87*) se compone de pinturas y esculturas de grandes maestros como Rembrandt, Renoir, Rubens, Degas y Gauguin, y de artistas suecos como Anders Zorn, Agnes de Frumerie, Alice Nordin y Carl Larsson.

5 Moderna Museet

El museo *(p. 88)* posee una de las mejores colecciones del mundo de arte del siglo XX, que incluye obras de Picasso, Matisse y Dalí, y realiza adquisiciones regulares de arte contemporáneo. También cuenta con arte fotográfico y fotograbado de la década de 1840 a la actualidad.

6 Kungliga Slottet

Este espléndido edificio, uno de los mayores palacios del mundo *(p. 34)* que sigue utilizándose como sede de la corte, alberga los apartamentos reales, el salón de Estado, el Tesoro y el Museo Tre Kronor. Sus magníficas estancias lucen diferentes estilos, entre ellos rococó, barroco y gustaviano.

7 Drottningholm

El palacio de Drottningholm y sus jardines *(p. 32)*, uno de los tres espacios Patrimonio de la Humanidad de Estocolmo, datan de los siglos XVII y XVIII. El complejo sirve de residencia a la familia real sueca, pero está abierto al público. En verano merece la pena tomar uno de los barcos que llegan al palacio desde la ciudad por el lago Mälaren (una hora de viaje).

Plato de oro de época vikinga, Historiska Museet

8 Historiska Museet

Este museo *(p. 40)* recorre la historia de Suecia desde los primeros asentamientos hasta la Edad Media. Destacan las muestras dedicadas a los vikingos y a la vida de ocho habitantes de la Prehistoria y la sala del Oro.

9 ABBA The Museum

Pocas entidades culturales han dado tanta visibilidad a Estocolmo –y a Suecia– como ABBA en las décadas de 1970 y 1980, cuando lideraba el pop mundial. En este divertido museo *(p. 82)*, de visita obligada para los seguidores del grupo, es posible ver vestuario, discos de oro y otros recuerdos, y también cantar junto a sus hologramas.

10 Skansen

El principal reclamo de este museo al aire libre *(p. 22)*, espacio para conciertos y parque, es su conjunto de edificios procedentes de toda Suecia, entre los que se incluye un barrio urbano del siglo XIX. Fundado en 1891, el museo ofrece una rápida panorámica de la cultura sueca. En los talleres se muestran oficios tradicionales como el soplado de vidrio, y en Galejan se encuentran juegos infantiles, atracciones de feria y una pista con coches clásicos.

Esculturas y obras de arte en el Nationalmuseum

IGLESIAS

Una bonita vidriera de la Tyska Kyrkan

1 Tyska Kyrkan

La iglesia alemana *(p. 90),* también conocida como iglesia de Santa Gertrudis, recuerda que el casco antiguo estuvo controlado en la Edad Media por los comerciantes germanos. Fue fundada en 1571 e incluye una galería construida en 1672 para la realeza germana.

2 Katarina Kyrka

📍 D5 🏛 Högbergsgatan 13 🕐 11.00–17.00 lu–sá, 10.00–17.00 do 🌐 svenskahyrhan.se/katarina

Terminada en 1695, sufrió un incendio en 1723 y ardió casi por completo en 1990. Su restauración se prolongó cinco años. En su cementerio yacen suecos famosos, como la ministra de Asuntos Exteriores Anna Lindh, que fue asesinada.

3 Högalidskyrkan

📍 B5 🏛 Högalids Kyrhväg 🕐 10.00–17.00 diario 🌐 svenskahyrhan.se/hogalid

Esta iglesia en estilo romántico nacional fue finalizada en 1923. Cuenta la leyenda que la financiaron dos hermanas, una más rica que la otra, razón por la cual, al contemplar las torres desde ciertos ángulos, da la impresión de que una fuera más alta que la otra, pero ambas tienen 84 m de altura.

4 Gustav Vasa Kyrka

📍 B2 🏛 Odenplan 🕐 11.00–18.00 lu–ju, 11.00–15.00 vi–do 🌐 svenskahyrhan.se/gustafvasa

Construida en 1906, la iglesia presenta una cúpula de estilo neobarroco italiano que domina la plaza Odenplan. En su interior se encuentra el mayor grupo escultórico barroco de Suecia, que forma el altar. Fue creado por Burchardt Precht entre 1725 y 1731 para la catedral de Uppsala.

5 Adolf Fredriks Kyrka

📍 L1 🏛 Holländargatan 16 🕐 13.00–18.00 lu, 10.00–16.00 ma, mi y vi–do, 10.30–16.00 ju 🌐 svenskahyrhan.se/adolffredrik

Este céntrica iglesia de 1768 tiene planta de cruz griega y una cúpula central. El interior está decorado con una escultura de Johan Tobias Sergel dedicada al filósofo francés Descartes. En el cementerio se

Bella nave cubierta por una bóveda de crucería, Storkyrkan

encuentra la tumba del primer ministro Olof Palme.

6 Riddarholmskyrkan

La iglesia *(p. 87)* del siglo XIII, panteón de la familia real sueca desde época medieval, es uno de los edificios más antiguos de Estocolmo. El templo, más bien un museo, se abre al público en verano.

7 Engelbrektskyrkan

🇸 D1 🏠 Östermalmsgatan 20b
🕐 11.00–15.00 ma-do 🌐 svenska hyrhan.se/engelbrekt

Lars Israel Wahlman, uno de los principales arquitectos suecos del Jugendstil, diseñó esta iglesia tras ganar el premio de arquitectura de 1906. Inaugurada en 1914, la iglesia domina la zona de Lärkstaden en Östermalm. Posee una estilizada torre y la nave central más alta de Escandinavia, apoyada en ocho pilares de granito. El interior está decorado con monumentales pinturas de Olle Hjortzberg.

8 Maria Magdalena Kyrka

🇸 M6 🏠 Bellmansgatan 13
🕐 11.00–17.00 lu-sá (hasta 19.00 ju)
🌐 svenshahyrhan.se/mariamagdalena

María Magdalena empezó siendo una capilla funeraria en el siglo XIV. El edificio actual, con una bonita torre amarilla, se finalizó en 1763. El famoso poeta y cantante sueco Evert Taube está enterrado aquí.

9 Storkyrkan

La catedral de Estocolmo *(p. 88)*, cuyo origen se remonta al siglo XIII, y sede de ceremonias reales, bodas y funerales, alberga una colección de tesoros artísticos, como la escultura *San Jorge y el dragón*, de 1489, realizada por Bernt Notke para conmemorar la batalla de Brunkeberg, y la pintura que muestra un parhelio sobre Estocolmo en 1535 considerada la representación en color más antigua de la ciudad.

10 Sofia Kyrka

🇸 E6 🏠 Vitabergsparken
🕐 9.00–17.00 lu-vi, 10.00-17.00 sá y do
🌐 svenshahyrhan.se/sofia

Esta iglesia se construyó en 1906 después de que Gustaf Hermansson ganara un concurso por su diseño. Tiene influencias góticas y del romántico nacional.

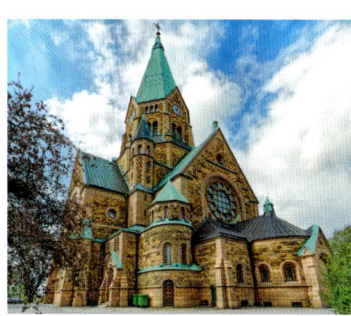

Exterior neogótico de la Sofia Kyrka

PARQUES Y JARDINES

1 Hagaparken
El parque ajardinado de estilo inglés *(p. 42)* es muy apreciado por las avenidas arboladas, las preciosas zonas de césped y las construcciones. Destaca el mariposario tropical, en el que también vuelan aves. En las tiendas de cobre se puede almorzar o tomar un tentempié.

2 Tantolunden
Este parque *(p. 96)* de Södermalm, con varios cafés y un campo de minigolf, es un destino muy popular en verano. Se puede caminar hasta lo alto de la colina para contemplar los huertos y las vistas. Hay también un agradable sendero junto al agua de Tanto a Hornstull.

3 Stora Skuggan
G2 Stora Skuggans väg 40 Los horarios varían, consultar la web storashuggans4hgard.se
Al norte del centro se encuentra Stora Skuggan, un popular destino de ocio con espacios abiertos. Alberga una granja urbana gestionada por jóvenes y, cerca de ella, un café ubicado en un edificio del siglo XVIII.

4 Vasaparken
Este agradable parque *(p. 77)* con multitud de áreas recreativas está entre las plazas Sankt Eriksplan y Odenplan. De noviembre a marzo se instala una pista de patinaje con hielo artificial, que se mantiene siempre en buenas condiciones.

5 Skinnarviksparken
B5
Este parque es maravilloso para hacer un pícnic cuando hace buen tiempo. Además de ofrecer magníficas vistas de Riddarfjärden y la ciudad, es ideal para disfrutar de las largas noches de verano. Aquí se encuentra la escultura de acero inoxidable *Evolución*, del artista sueco Arne Jones. Hay un pequeño quiosco-café en verano y una zona infantil.

Panorámica desde lo alto del Skinnarviksparken

**Invernadero Edvard Anderson,
Bergianska Trädgården**

6 Bergianska Trädgården

📍 B1 🏠 Frescati, 5 km al norte del centro de Estocolmo 🕐 Invernaderos: 11.00–17.00 diario
🌐 bergianska.se 📱

Cerca del sendero a orillas del Brunnsviken se halla el jardín botánico Bergianska, que data del siglo XVIII. Fue trasladado a su actual ubicación en 1885. Las plantas tropicales crecen en los invernaderos, donde se realizan estudios de la Universidad de Estocolmo. El invernadero de naranjos alberga un café.

7 Kungsträdgården

Kungsträdgården (p. 70), o jardín del Rey, es una arbolada plaza próxima a la principal zona comercial del centro. Alberga muchos cafés y restaurantes a su alrededor. Se puede disfrutar de un bonito paseo bajo cerezos en flor en primavera, conciertos en verano y pista de patinaje y mercado navideño en invierno.

8 Vitabergsparken

📍 E6

El parque de las Montañas Blancas se encuentra en Södermalm y tiene un teatro al aire libre donde se ofrecen conciertos y espectáculos de danza gratuitos. En su punto más elevado se alza la Sofia Kyrka (p. 49), una iglesia inaugurada en 1906. Las humildes casas de madera que rodean el parque recuerdan que este barrio fue el más pobre de Estocolmo. Su huerto, uno de los más antiguos de la ciudad, data de 1906.

9 Djurgården

📍 G4

Todo viaje a Estocolmo debe incluir una visita a Djurgården. Este parque real, además de albergar varios de los principales museos y lugares de interés de la ciudad –como Skansen (p. 22) y Vasamuseet (p. 24)–, es una amplia zona verde con preciosos senderos y vistas a la bahía. No hay que perderse los Rosendals Trädgård (p. 84), unos jardines donde se practica la agricultura biodinámica y hay un magnífico café.

10 Humlegården

Los robles y las amplias zonas de césped son la principal característica de este céntrico oasis (p. 81). Data del siglo XVI, cuando era el vergel real, pero está abierto al público desde 1869. Incluye un parque infantil y una rampa para monopatines. Aquí se hallan la Biblioteca Nacional de Suecia y una gran estatua del biólogo sueco Carlos Linneo. Merece la pena probar el helado de cerveza o la cerveza artesana de Omnipollos Flora, ubicada en el parque.

FUERA DE LAS RUTAS HABITUALES

1 Spritmuseum
E4 · Djurgårdsvägen 38
11.00–18.00 diario (hasta 19.00 mi)
spritmuseum.se

En Suecia las tiendas de licores son estatales y antiguamente se destilaba alcohol ilegal. El Spritmuseum ofrece una original mezcla de historia, cultura y alcohol. El magnífico restaurante sirve cocina local creativa.

2 Fjällgatans Kaffestuga
E5 · Fjällgatan 37 · Abr-sep: 9.00–22.00 lu-vi, 10.00–22.00 sá y do
fjallgatan.com

En este café de verano con terraza se puede disfrutar de un café o un helado acompañado de unas magníficas vistas de Estocolmo. En la zona alta de Södermalm, se divisan Gamla Stan, Djurgården, el archipiélago y más allá.

3 Hammarbybacken
Hammarby fabrihsväg 111
Los horarios varían, consultar la web
shistar.com/hammarbybacken

Aunque parezca increíble, se puede practicar esquí alpino en el corazón de Estocolmo. Durante todo el invierno, Hammarbybacken ofrece pistas de nieve artificial bien iluminadas para esquiadores de todas las edades y niveles. Las vistas abarcan hasta Södermalm.

4 Långholmen
A4 · langholmen.com

Durante un siglo la isla de Långholmen albergó una de las mayores prisiones de Suecia. Es un destino ideal para pasear, comer al aire libre y nadar. La prisión es hoy un hotel/albergue y un museo.

5 Dansmuseet
L4 · Drottninggatan 17 · 11.00–17.00 ma-do · dansmuseet.se

Inaugurado en 1953 en el sótano de la Ópera Real Sueca, este museo está dedicado a la danza, el teatro, el arte y la fotografía. Fundado por el aristócrata sueco y coleccionista Rolf de Maré, expone piezas de entre 1500 y 1850, y refleja todos los aspectos de la danza: trajes, máscaras, bocetos de decorados y arte. También tiene una amplia colección de libros sobre danza rusa.

6 Vinterviken
Entre Gröndal y Aspudden
vinterviken.com

Además de ser un parque en torno a una bahía del lago Mälaren, Vinterviken fue el emplazamiento del laboratorio y la fábrica donde el químico Alfred Nobel elaboró y utilizó dinamita por primera vez a mediados del siglo XIX. Las obras de remodelación realizadas en la

**Amplia variedad de licores
en el Spritmuseum**

década de 1990 transformaron la zona
industrial en el actual parque recreati-
vo. Una de las antiguas fábricas de Nobel alberga el café, el restaurante y un
espacio para eventos.

7 Sweden Solar System

📍 G2 🚇 Avicii Arena, Globentorget 2
🌐 swedensolarsystem.se

El mayor modelo a escala del sistema
solar tiene su centro en Estocolmo. Conocido popularmente como Globen, el
Avicii Arena *(p. 102)*, el segundo edificio
esférico más grande del mundo, representa al sol con los planetas situados
al norte.

8 Färgfabriken

🏠 Lövholmsbrinken 1
🕐 Sala de exposiciones: 11.00–16.00
ma-do 🌐 fargfabriken.se

Este espacio de exposiciones y eventos,
que ocupa una fábrica del siglo XIX,
permite descubrir la escena artística de
Estocolmo. Las exposiciones cambian
con regularidad.

9 Hornstulls Marknad

📍 A5 🚇 Hornstulls Strand
🕐 Abr-sep: 11.00–17.00 sá y do
🌐 hornstullsmarknad.se

Los fines de semana, la orilla de Hornstull
se transforma en un mercadillo donde

**Un puesto del
Hornstulls Marknad**

se encuentran puestos de arte,
antigüedades, discos y artesanía,
además de varios *food trucks*.

10 Sturebadet

📍 D2 🚇 Sturegallerian
🕐 6.30–22.00 lu-vi, 8.30–20.30 sá
y do 🌐 turebadet.se

Sturebadet, uno de los espacios con
piscina, gimnasio y *spa* más elegantes
de Estocolmo, al que acudía Greta Garbo, data del siglo XIX. Ofrece pases de
día para mayores de 18 años y se necesita reserva.

ESTOCOLMO EN FAMILIA

Pista de patinaje en el popular Kungsträdgården

1 The Viking Museum
🄿 Q5 🄰 Djurgårdsvägen 48
🄾 10.00-19.00 diario 🅆 theviking museum.com 🡵

El museo recrea el periodo vikingo y permite descubrir diferentes aspectos de la cultura y la vida cotidiana de este pueblo. La Saga de Ragnfrid es un recorrido en tren dramatizado de 11 minutos (a partir de 7 años) en el que se retrocede hasta el año 963.

2 Gröna Lund
Este parque de atracciones tradicional (p. 36) ofrece diversión para niños de todas las edades. No hay que perderse la Lustiga Huset (Casa Divertida) y las distintas atracciones de feria.

3 Patinaje sobre hielo
Kungsträdgården (p. 70) en el centro, Vasaparken (p. 77) en Vasastan y Medborgarplatsen (p. 95) en Södermalm disponen de pistas de patinaje en invierno. También hay pistas de hockey sobre hielo que abren al público. La oficina de turismo ofrece un listado actualizado.

4 Fjäderholmarna
Esta isla (p. 26) es ideal para los niños. Pueden hacer talleres de cerámica e impresión en tela. También hay una galería de arte y un teatro al aire libre, que en verano acoge una temporada teatral para niños muy popular. Hay zonas de juego y un sendero por el litoral accesible para carritos. Las demás islas del grupo son ricas en avifauna.

5 Eriksdalsbadet
🄰 Hammarby slussväg 20
🅆 motionera.stockholm 🡵

Eriksdalsbadet, el principal centro de natación de la ciudad, incluye zonas para niños y una piscina al aire libre

La emocionante montaña rusa Monster, Gröna Lund

sobre la evolución de la vida en el planeta, el entorno natural de Suecia y los animales que viven en él *(p. 101)*. Hay muchas actividades divertidas para niños de todas las edades, incluidas muestras interactivas. En el cine Cosmonova IMAX se proyectan documentales de ciencias naturales.

9 Skansen

Skansen *(p. 22)* es un lugar repleto de diversión. En el parque de atracciones Galejan se encuentran juegos tradicionales, tiovivos, columpios y una pista con coches clásicos. También hay actividades infantiles en los edificios históricos del museo, cuyo personal, ataviado con trajes de época, ofrece talleres sobre naturaleza, preparación de alimentos y vida rural.

10 Tekniska Museet

⧉ G3 ⧉ Museivägen 7
⧉ 10.00–17.00 diario (hasta 20.00 mi)
Ⓦ tekniskamuseet.se ⧉

El Museo Nacional de Ciencia y Tecnología ofrece muestras que entretienen y motivan a los niños, ya sea creando esculturas virtuales en la zona MegaMind o contemplando la maqueta ferroviaria de Uno Milton.

en verano. La piscina infantil climatizada tiene 1,4 m de profundidad y dos toboganes. La piscina exterior abre de finales de mayo a finales de agosto.

6 Junibacken

⧉ Q4 ⧉ Galärvarvsvägen
⧉ 10.00–17.00 diario (jul y ago: hasta 18.00) Ⓦ junibacken.se ⧉

El mundo fantástico de Junibacken se abre como un libro de aventuras. Alrededor de la plaza del Cuento viven personajes de libros infantiles, y el Tren de las Historias ofrece un viaje por los relatos de la autora sueca Astrid Lindgren.

7 Mulle Meck Lekpark

⧉ Mönstringsvägen 9, Solna ⧉ 505 o 540 ⧉ Diario
Ⓦ solna.se

Mulle Meck Lekpark es un parque temático inspirado en los libros infantiles de George Johansson y Jens Ahlbom. Hay un hangar para aviones, trenecitos, un laberinto de flores, un anfiteatro y también una biblioteca infantil.

8 Naturhistoriska Riksmuseet

En el sendero de los descubrimientos se pueden contemplar esqueletos de dinosaurios mientras se aprende

Antigua esfera armilar en el Tekniska Museet

ACTIVIDADES AL AIRE LIBRE

1 Baño en playas y lagos
Estocolmo tiene incontables lugares para bañarse, con playas y embarcaderos municipales cerca del centro de la ciudad como Långholmen *(p. 95)*; la playa rodeada de árboles de Långholmens es especialmente agradable. Las autoridades municipales controlan la limpieza del agua; más información en *start.stockholm*.

2 Ciclismo
Carriles bici bien señalizados cruzan toda la ciudad y muchos recorridos siguen el paseo costero y regalan pintorescas vistas. Además, se puede subir a la mayoría de barcos y trenes de cercanías para seguir ruta.

3 Kayak
Remar por los canales, pasar junto a bonitas playas y bajo viejos puentes ofrece una nueva perspectiva de la ciudad. Se puede hacer una visita guiada por la ciudad y el archipiélago con Stockholm Adventures *(stockholmadventures. com)* o de forma independiente alquilando en ShareKayak *(sharekayak.com)*.

4 Archipiélago en barco
Un paseo en barco permite disfrutar viendo desde aves marinas y focas hasta bonitas casas de verano *(p. 28)*.

Se puede llegar hasta Rindö con los ferris de cercanías desde la ciudad o viajar incluso más lejos con agencias como Waxholmsbolaget *(waxholmsbolaget. se)* o Stromma *(stromma.se)*.

5 Patinaje sobre hielo
Gran cantidad de pistas de patinaje sobre hielo y artificiales abren cada invierno, como las de Humlegården *(p. 81)* y Kungsträdgården *(p. 70)*. Y aún mejor, cuando el hielo es suficientemente grueso, las autoridades municipales crean pistas en lagos helados fuera de la ciudad, como Långsjön en Älvsjö y Råcksta en Vällingby.

6 Acampada libre
El derecho al libre acceso a la naturaleza *(Allemansrätten)* permite acampar siempre que se actúe con responsabilidad y fuera de terreno privado. Es una forma magnífica de acercarse a la naturaleza en primavera y verano.

7 Senderismo
Estocolmo cuenta con varios senderos panorámicos. Hay tres rutas principales: Roslagsleden, Sörmlandsleden y Upplandsleden; todas comienzan cerca de la ciudad y recorren bahías arenosas, islotes y bosques frondosos *(swedishtou*

Patinando sobre la bahía helada de Riddärfjarden

ristassociation.com/hiking). Para un mayor desafío, la ruta del archipiélago recorre 270 km entre 22 islas.

8 Esquí y snowboard

Para los que quieran esquiar y practicar snowboard en la ciudad, Hammarbybacken *(p. 52)* es una montaña artificial donde las máquinas de nieve mantienen las pistas haga el tiempo que haga. También hay pistas de esquí de fondo por la zona, incluidas las de los bosques de la reserva natural de Nacka.

9 Carreras y maratones

Con multitud de parques y senderos, este es el paraíso del running. Se puede correr junto a la orilla en Djurgården y Södermalm o participar en una carrera, como la nocturna Midnattsloppet *(p. 65)* o la femenina Tjejmilen *(tjejmilen.se),* ambas en agosto. Para los más entusiastas, en mayo se celebra el maratón de la ciudad *(p. 64).*

10 Sauna

Pocas experiencias son tan escandinavas como disfrutar de una sauna. Las gestionadas por sus miembros, como Tanto Bastu *(tantobastuforening.se),* permiten a los visitantes hacer reservas a horas fijas. Fuera de la ciudad, en Hellasgården *(hellasgarden.se),* se puede disfrutar de un baño más tranquilo en una cabaña rodeada de vegetación.

Corredores por el paseo costero de Estocolmo

TOP 10
LUGARES PARA NADAR

1. Långholmens strandbad
📍 A4 🏠 Långholmsmuren 21
Playa de arena en el centro de la ciudad, al oeste de Södermalm.

2. Smedsuddsbadet
📍 A4 🏠 Smedsuddsvägen
Una media luna de arena justo enfrente de Långholmen, en el parque de Rålambshovs.

3. Vinterviksbadet
📍 G2 🏠 Vinterviksvägen
Una bahía protegida y boscosa con playa en el área natural de Vinterviken, cerca del excelente café Wintervinken.

4. Tantolunden
📍 B6 🏠 Skarpskyttestigen 6
Esta playa rocosa del sur de Södermalm tiene dos embarcaderos y trampolines altos para los más osados.

5. Flatenbadet
📍 G2 🏠 Flatenvägen 200
Aunque más alejada de la ciudad, esta playa de arena, una de las más largas de Estocolmo, es perfecta para los largos días de verano.

6. Fjäderholmarna
📍 G2 🏠 Fjäderholmarna
Las primeras islas del archipiélago de Estocolmo están rodeadas de rocas lisas ideales para nadar y tomar el sol.

7. Sickla strand
📍 G2 🏠 Sickla strand 72
Este estrecho lago, de aguas cálidas en verano, es perfecto para nadar. Y si se tiene frío, se puede alquilar el barco Sickla Sauna.

8. Hellasgården
📍 G2 🏠 Ältavägen 101
Una encantadora área natural de las afueras para bañarse o sumergirse en la sauna.

9. Ängbybadet
📍 G2 🏠 Tyska Bottens väg 95
Este complejo playero tiene parque infantil con tobogán acuático.

10. Brunnsvikens strandbad
📍 G2 🏠 Frescati Hagväg 18
Una recóndita playa del norte de Estocolmo, con pontones y balsas desde las que bucear.

COMIDA LOCAL

Bandeja cubierta de bollos de canela

1 Albóndigas suecas
Las clásicas *köttbullar* suecas se hacen a mano con carne picada y se acompañan de puré de patatas, salsa de nata, arándanos rojos y pepinillos. Para los más atrevidos, también hay variantes más raras, como las hechas con carne de alce o reno.

2 Bollos de canela
Los *kanelbulle* son los bollos suecos más populares, elaborados con una esponjosa masa de cardamomo, rellenos de mantequilla y canela, y espolvoreados con azúcar crujiente granulado. Aunque pueden encontrarse en todas partes, desde las tiendas de comestibles hasta los cafés, los mejores son los que se venden calientes en pastelerías como Vete-Katten (p. 72) o Fabrique stenugnsbageri *(fabrique.se)*.

3 *Semla*
Una sinfonía de pasta de almendra y nata montada dentro de un bollo de trigo con cardamomo. Se vende en panaderías y cafés de toda Suecia, incluidas instituciones locales como Valhallabageriet *(p. 84)*, desde Navidad hasta Cuaresma, y se suele comer el Martes de Carnaval, conocido como *semmeldagen* o *fettisdagen* (día de la gordura).

4 *Tunnbrödsrulle*
Lo último en comida rápida sueca es un envoltorio de pan plano relleno de salchichas a la parrilla o hervidas y puré de patata, mayonesa de pepino, ensalada de gambas, cebolla crujiente, kétchup y mostaza. Suele servirse en cocinas callejeras o *gatukök*, como Nybrogrillen, en el parque Berzelii de Norrmalm *(Nybroplan 2)*, y sabe mejor tras una buena noche de fiesta.

5 Aquavit
Una bebida tradicional, el *aquavit* (o *snaps*) es un licor destilado de cereales o patatas y aromatizado con varias hierbas. Suele tomarse durante las comidas copiosas de celebración, con brindis a menudo acompañados de canciones alegres (y a veces algo groseras).

6 Queso de Västerbotten
El rey de los quesos suecos, hecho con leche de vaca, de textura granulada y madurado al menos de 12 a 14 meses, tiene un sabor similar al parmesano pero más amargo. Se emplea para confeccionar el *västerbottensostpaj*, un tipo de quiche muy popular en Suecia, que suele servirse como parte de los

Plato de albóndigas con arándanos y pepinillos

banquetes festivos o en las fiestas del cangrejo de agosto. Se vende en supermercados y charcuterías de toda la ciudad.

7 Surströmming

El *surströmming*, la especialidad gastronómica sueca más controvertida, es un arenque crudo, fermentado y en conserva que generalmente se come con pan plano, patatas, cebollas y crema agria. Su olor es tan fuerte que hay que abrir la lata al exterior o sumergirla en agua. Se considera de buena educación advertir a los vecinos antes, ya que el olor se propaga.

8 Plankstek

Este plato básico de los bares suecos está compuesto por un filete de carne servido sobre una tabla de madera y por lo general rodeado de patatas duquesas, verduras asadas como tomates o espárragos, y salsa bearnesa. Algunos de los mejores de Estocolmo se sirven en Villa Godthem *(p. 85)*, preferentemente acompañados de una cerveza rubia.

9 Mora de los pantanos

Suecia es una delicia para los amantes de las bayas y en verano es habitual ir al bosque a recoger arándanos, frambuesas y fresas silvestres. Una baya silvestre exclusiva del norte de Suecia y países vecinos es el *hjorton* o mora de los pantanos. De color dorado cuando madura hacia el mes de agosto, es suave y dulce, y es deliciosa con helado o en mermelada.

10 Cervezas artesanas suecas

La moda de la cerveza artesana se ha desatado en Suecia en los últimos 10 o 15 años, con microcervecerías por todo el país. Entre las mejores están Omnipollo *(omnipolloskyrka.com)*, Nya Carnegiebryggeriet *(p. 105)* y Stockholm Brewing *(stockholmbrewing.com)*, cuyas cervezas pueden degustarse en bares como Akkurat *(p. 98)* y Katarina Ölcafé *(katarinaolkafe.se)*.

TOP 10 DULCES DE *FIKA*

Un delicioso *semla*

1. *Vaniljbulle*
No hay que dejar que el *kanelbulle* eclipse a su primo relleno de vainilla, para algunos más sabroso.

2. *Kladdkaka*
Literalmente pastel pegajoso, es un cruce entre un pastel volcán y un *brownie* de chocolate.

3. *Prinsesstårta*
Un bizcocho cremoso cubierto de mazapán, normalmente de color verde o rosa. Un clásico de los cumpleaños.

4. *Semla*
Bollo especiado con cardamomo, disponible los primeros meses del año.

5. *Gustav Adolfsbakelse*
Llamado así en honor al rey Gustavo Adolfo, este dulce suave suele decorarse con la silueta del perfil del rey.

6. *Chokladboll*
Sencillas bolas sin hornear de avena, azúcar, cacao, azúcar de vainilla, mantequilla y a veces un poco de café.

7. *Dammsugare*
Estos pequeños pasteles cilíndricos rellenos de chocolate y cubiertos de mazapán verde parecen una aspiradora.

8. *Lussekatt*
Bollos de azafrán con pasas que se suelen tomar en Adviento.

9. *Toscakaka*
Posiblemente llamado así por la ópera de Puccini, es un bizcocho ligero coronado de almendras caramelizadas.

10. *Kanelbulle*
No hay listado completo sin los famosos bollos suecos de canela espolvoreados con azúcar.

TIENDAS DE DISEÑO SUECO

1 Grandpa
🅟 A3 🏠 Södermannagatan 21
🆆 grandpa.se

Inaugurada en 2003, alberga una selecta variedad de ropa, artículos de decoración y diseño. Aquí, siempre se tiene más en cuenta la calidad del producto que la fama de la marca. También dispone de sus propios productos, bajo la marca Grandpa Goods.

2 Acne Studios
🅟 D3 🏠 Norrmalmstorg 2
🆆 acnestudios.com

Desde que Jonny Johansson creara y distribuyera entre sus amigos sus 100 primeros pares de vaqueros en 1997, Acne Studios se ha convertido en una marca de fama internacional que diseña prendas para hombre y mujer.

3 Svenskt Tenn
🅟 E3 🏠 Strandvägen 5
🆆 svenshttenn.se

El arquitecto y diseñador austrosueco Josef Frank creó las telas y muebles con coloridos y atractivos dibujos que se venden aquí. Su sede central, junto al mar desde 1927, incluye salón de té y estudio.

4 Design House Stockholm
🅟 D3 🏠 Götgatan 14 🆆 designhousestockholm.com

La sede central de esta cadena ofrece artículos para decorar interiores, porcelana y ropa de los mejores diseñadores suecos.

5 Rodebjer
🅟 N2 🏠 Smålandsgatan 12
🆆 rodebjer.com

Carin Rodebjer crea prendas para mujer prácticas y elegantes, inspiradas en el atuendo típico sueco, el estilo bohemio de 1920 y grupos de rock.

6 Swedish Hasbeens
🅟 E5 🏠 Nytorgsgatan 36a
🆆 swedishhasbeens.com

En esta tienda venden zuecos para mujer fabricados con materiales sostenibles e inspirados en diseños originales suecos de la década de 1970. La sede central de la exitosa marca está en SoFo.

7 Filippa K
🅟 D2 🏠 Grev Turegatan 18
🆆 filippa-h.com

La marca de moda de Filippa Knutsson, fundada en Estocolmo en 1993 con el objetivo de crear una línea escandinava de prendas de estilo minimalista, ha

Escaparate de Grandpa, en Södermannagatan

logrado el éxito internacional. Sus últimas colecciones se encuentran en esta tienda, que es la central.

8 Whyred
🚇 D3 🚉 Mäster Samuelsgatan 3
🌐 whyred.com

Las prendas para hombre y mujer del diseñador Roland Hjort, inspiradas en la música, el arte y la moda, combinan líneas sencillas con detalles poco convencionales. Esta es la sede central de Whyred, ubicada en el elegante Östermalm.

9 Granit
🚇 D5 🚉 Götgatan 31
🌐 granit.com

Una tienda de muebles que presenta maneras inteligentes de organizar, iluminar y decorar la casa con elementos funcionales y creativos.

10 Designtorget
🚇 D5 🚉 Götgatan 31
🌐 designtorget.se

Esta tienda de objetos variados ofrece diseños llamativos, principalmente de creadores escandinavos. Dispone de artículos de marcas muy conocidas, desde estanterías de String hasta menaje de cocina de Marianne Westman.

Amplia gama de objetos para el hogar en Designtorget

TOP 10 RECUERDOS

Caballos de Dalecarlia

1. Caballo de Dalecarlia
Estos caballos de madera fabricados y pintados a mano son un típico adorno sueco; los hay de varios tamaños.

2. Estanterías String Pocket
La icónica marca de muebles sueca String Furniture tiene algunos artículos que caben en la maleta.

3. Mochila Fjällräven
Fjällräven, con su famoso logotipo de zorro, fabrica prendas y mochilas duraderas y funcionales desde 1960.

4. Mochilas Sandqvist
Mochilas de aspecto clásico, funcionales y fabricadas con telas elegantes. Las mochilas y los bolsos de cuero tienen un distintivo estilo sueco.

5. Tabla de corte Trull
La tabla, inspirada en los gatos de porcelana de Lisa Larson, añade un toque divertido a la cocina.

6. Bolígrafos Ballograf
Estas bellezas de estilo elegante y retro contienen tinta indeleble.

7. Lámpara saltamontes
La lámpara, diseñada por Greta Magnusson Grossman, se apoya en un trípode inclinado y recuerda al insecto que le da nombre.

8. Vaqueros Acne
La marca de vaqueros más famosa de Estocolmo diseña prendas cómodas.

9. Botas Tretorn
El calzado impermeable de Tretorn viene en distintos modelos y colores.

10. Juego de café Bersä
Stig Lindberg diseñó este juego de café floral para la firma sueca Gustavsbergs Porslinsfabrik.

ESTOCOLMO GRATIS

Bailando en una de las discotecas de la ciudad

1 Locales nocturnos
Algunos locales nocturnos de Estocolmo no cobran entrada a quienes llegan antes de determinada hora, por lo general medianoche o a veces más temprano. Debaser (*debaser.se*) es uno de los que ofrece esta opción, que a veces incluye un concierto gratuito.

2 Arte en el metro
El *tunnelbana*, el metro de Estocolmo, es conocido como el museo de arte más largo del mundo. Muchas estaciones albergan obras de arte (desde esculturas y pinturas hasta instalaciones de vídeo) que pueden contemplarse de forma gratuita. Otras son obras de arte en sí mismas, como Solna Centrum, cuyo techo de roca está pintado de un rojo intenso.

3 Visitas guiadas del Parlamento sueco
🅟 D4 🅗 Helgeandsholmen
🅦 riksdagen.se
El Riksdag, sede del Parlamento sueco, ofrece visitas guiadas gratuitas en las que se explican la historia y las funciones del edificio y lo que sucede cada día en él. Hay visitas de una hora en sueco e inglés. Más información sobre horarios en la web.

4 Jardines de Drottningholm
En la residencia real de Drottningholm (*p. 32*) se pueden recorrer de forma gratuita los hermosos jardines barrocos y la tienda de la guardia, durante una mañana o una tarde de turismo.

5 Conciertos y festivales gratuitos
Se puede disfrutar de la escena musical de Estocolmo en los espectáculos y conciertos gratuitos que se ofrecen en Fritz's Corner (*fritzscorner.se*) y el festival anual Popaganda (*popaganda.se*), que tiene lugar en Parkteatern.

6 Museos gratuitos
Muchos de los mejores museos de Estocolmo pueden visitarse de forma gratuita, como el Moderna Museet (*p. 88*), el Nationalmuseum (*p. 87*) y el Medelhavsmuseet (*p. 71*).

7 Arte y diseño contemporáneos
Al igual que muchos museos, algunas galerías de arte contemporáneo y salas de exposiciones no cobran entrada, por ejemplo, Bonniers Konsthall (*p. 76*) y el centro de arquitectura y diseño ArkDes (*p. 90*).

Playa de Sandhamn, perfecta para bañarse o tomar el sol

8 Cambio de guardia

Protegiendo Kungliga Slottet (p. 34) desde 1523, la Guardia Real de Suecia es una de las formaciones militares más antiguas de Europa. El cambio de guardia, la atracción turística más popular de Estocolmo, tiene lugar a diario en el patio exterior a las 12.15 de finales de abril hasta agosto (13.15 do y festivos). En verano hay un desfile adicional de 40 minutos, acompañado del cuerpo de música.

9 Acampar en el archipiélago

El *Allemansrätten* es el derecho de toda persona a transitar por la mayoría de terrenos públicos y acampar en ellos, lo que convierte la acampada libre en una forma magnífica de recorrer el archipiélago de Estocolmo (p. 26). Algunas zonas de acampada ofrecen agua potable y aseos (de manera gratuita o por una pequeña tarifa).

10 Darse un chapuzón

Los canales de Estocolmo no solo son atractivos a la vista, sino que están tan limpios que permiten nadar en pleno centro de la ciudad. Cuando hace buen tiempo, las playas, los muelles y los riscos se llenan de bañistas.

TOP 10 CONSEJOS

1. Mercadillos
Los *loppis* o mercadillos de la ciudad pueden ser lugares magníficos para encontrar joyas del diseño sueco a buen precio.

2. Excursiones a pie
Recorrer la ciudad a pie es una buena opción. El centro de Estocolmo es compacto y muy bonito, así que merece la pena desplazarse caminando.

3. SL Smart Card
La SL Smart Card (p. 108) incluye viajes en los ferris de Djurgården (p. 80), perfectos para ver la ciudad desde el agua.

4. Bicicletas de alquiler
Se puede ahorrar en transporte alquilando una bicicleta de RentBike.se (p. 109) y usando los carriles bici.

5. Menú del día
Muchos restaurantes y cafés ofrecen al mediodía un menú a precio muy razonable que se llama *dagens meny*.

6. Pícnic en un parque
Se puede hacer pícnics en alguno de los parques de Estocolmo (p. 50), como Hagaparken y Tantoluden, en una playa o en el archipiélago.

7. Pago por consumición
Los licores y cócteles son especialmente caros en Suecia. Como en el resto de Escandinavia, lo habitual no es invitar a rondas, sino pagar las consumiciones de forma individual.

8. Vida nocturna al alcance
Para ahorrar dinero, los suecos empiezan la fiesta en una casa y luego van a algún local.

9. Descuentos para Gröna Lund
Por 1.899 kr, la *guldkortet* o tarjeta dorada da acceso al parque de atracciones Gröna Lund (p. 36) durante un año. Conviene consultar la web de Gröna Lund a fin jul y prin ago: hay entradas con descuentos de hasta el 50 %.

10. Patinaje sobre hielo
En invierno, si la capa de hielo del lago Mälaren es lo bastante gruesa, se puede patinar de forma gratuita.

FESTIVALES Y EVENTOS

1 Semana de la Moda de Estocolmo

🔲 fashionweeh.se

El Consejo Sueco de la Moda organiza varios eventos a lo largo del año, principalmente en enero/febrero y agosto. También se puede asistir a exposiciones, ferias comerciales y ruedas de prensa.

2 Maratón de Estocolmo

🔲 stochholmmarathon.se

En esta carrera participan corredores de todo el mundo. Se celebra el último sábado de mayo o el primero de junio y finaliza en el Estadio Olímpico.

3 Diamond League AG

🔲 diamondleague-stockholm.com

Esta competición internacional de atletismo es el mayor acontecimiento deportivo anual de Suecia. Se suele celebrar en junio o julio en el Estadio Olímpico de 1912.

4 Orgullo de Estocolmo

🔲 stochholmpride.org

El desfile del Orgullo, una celebración de los derechos humanos con más de 50.000 participantes, es el colofón de la semana del Orgullo, que tiene lugar a finales de julio o principios de agosto. Otra de las actividades es el parque del Orgullo, con conciertos y puestos.

5 Street Food Festivalen

🔲 streetfoodfestivalen.se

Este festival, el mayor acontecimiento gastronómico callejero de Estocolmo, se celebra a finales de julio en Norra Hammarbyhamnen, en el moderno barrio de Södermalm (p. 94). Más de 80 *food trucks* se suman a los bares y cervecerías locales.

Artista del Stockholms Kulturfestival

Desfile del Orgullo
de Estocolmo

6 Stockholms Kulturfestival

🅦 kulturfestivalen.stockholm.se

Este festival se celebra en agosto y
ofrece actuaciones de danza, música y
mimo en calles, plazas y escenarios
del centro. Hay también un pequeño
festival infantil en el que los niños pueden bailar, cantar y escuchar historias.

7 Midnattsloppet

🅦 midnattsloppet.com

A mediados de agosto unos 24.000 corredores se reúnen en Södermalm
para participar en la carrera de Medianoche, con distancias de 10 y 5 km.
Se forman nueve grupos que van sa-
liendo a partir de las 21.30, entre los
que se incluyen aficionados de todos
los niveles, de los más entregados
a los que van disfrazados.

8 Stockholm Jazz Festival

🅦 stockholmjazz.se

Este encuentro de jazz, uno de los festivales más antiguos de Suecia, tiene
lugar a mediados de octubre. Durante
10 días miles de amantes de la música
disfrutan de unos 160 conciertos en
36 escenarios de toda la ciudad.

9 Stockholms filmfestival

🅦 stockholmfilmfestival.se

A mediados de noviembre, este festival de dos semanas inaugurado en
1990 ofrece proyecciones de películas
por toda la ciudad, con una buena representación de directores naciona-
les e internacionales. En agosto hay
otro festival de cine al aire libre durante cinco noches.

10 Entrega de los Nobel

El 10 de diciembre, aniversario
de la muerte de Alfred Nobel, se en-
tregan en Estocolmo los Premios Nobel de Física, Química, Medicina, Literatura y Economía. Tras la ceremonia
se celebra un banquete con 1.300 invitados en el Stadshuset *(p. 30)* que
se transmite por televisión.

TOP 10
FESTIVOS NACIONALES Y CELEBRACIONES

Deliciosos cangrejos

1. Semana Santa
Es tradición pintar huevos y regalar
huevos de cartón rellenos de golosinas.

2. Valborg, 30 de abril
Se celebra la llegada de la primavera
con hogueras y bailes populares.

**3. Día Internacional de los
Trabajadores, 1 de mayo**
El Partido Socialdemócrata y los sindi-
catos celebran este día con marchas.

4. Día de la Ascensión, junio
Como cae en jueves, muchos se to-
man un *klämdag* (día libre) el viernes
para tener un fin de semana largo.

5. Día Nacional, 6 de junio
Señala la fecha en la que el rey Gustav
Vasa ascendió al trono.

**6. Víspera del solsticio
de verano, junio**
Es una de las mayores fiestas del año,
el viernes más cercano al 21 de junio.

**7. Temporada del cangrejo,
agosto**
Las populares fiestas del cangrejo de
río implican pelar este manjar con las
manos y beber mucho aguardiente.

8. Santa Lucía, 13 de diciembre
Jóvenes con túnicas blancas cantan
villancicos a la luz de las velas; se comen bollos de azafrán.

9. Navidad, 24-26 de diciembre
Las familias se reúnen en Nochebuena
para compartir un *julbord*, el equivalente navideño del *smörgåsbord*.

10. Nochevieja, 31 de diciembre
La gente inunda las calles unos minutos antes de medianoche para disfrutar de los fuegos artificiales.

RECORRIDOS

Una encantadora calle de Gamla Stan

CENTRO

A veces llamado Norrmalm, este es el centro del comercio de Estocolmo. Se urbanizó en las décadas de 1960 y 1970, tras la demolición de muchos edificios del siglo XVIII y la construcción en su lugar de modernos rascacielos, no sin controversia. A pesar de ello, hoy es una de las zonas más animadas de la ciudad. Los aficionados al arte y la cultura acuden atraídos por el moderno palacio de la ópera, la casa de la cultura y los museos. Los amantes de las compras tampoco quedan decepcionados, con Hamngatan y Kungsgatan repletas de tiendas y *boutiques*. A ello se suma Sergels Torg, una animada plaza de dos niveles, el inferior para peatones y el superior para el tráfico, que alberga un espectacular obelisco de cristal, mientras que Kungsträdgården es un remanso de paz en un barrio por lo demás ajetreado.

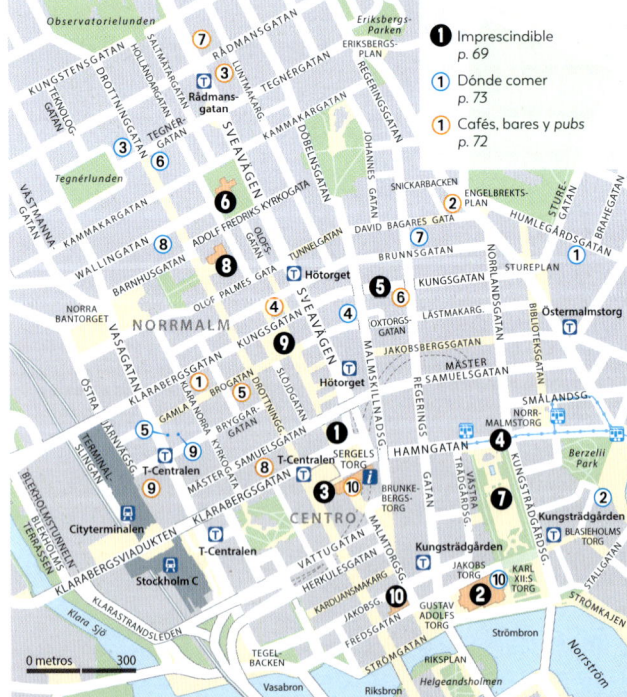

1 Imprescindible
p. 69

1 Dónde comer
p. 73

1 Cafés, bares y *pubs*
p. 72

Para alojamientos en la zona, ver p. 114

**Peatones de paseo por
la popular Sergels Torg**

1 Sergels Torg
🚇 L3

La emblemática Sergels Torg es el centro neurálgico de la ciudad y alberga la estación de metro T-Centralen, donde se cruzan las líneas roja y verde con la azul. La plaza fue diseñada en la década de 1960 como parte de la modernización del centro de la ciudad. Es conocida por su zona peatonal ajedrezada, escenario habitual de manifestaciones y actuaciones callejeras. Destaca su obelisco de vidrio, que se ilumina por la noche.

2 Kungliga Operan
🚇 M4 🚌 Gustav Adolf Torg 2
🌐 operan.se 🏛

La neorrenacentista Ópera Real Sueca es el teatro nacional de ópera y *ballet*. Algunos espectáculos se representan en su idioma original, inglés o italiano, y con subtítulos en sueco. De agosto a mayo hay visitas guiadas en inglés la mayoría de los sábados, en las que se puede entrar al palco real y contemplar el foso de la orquesta.

3 Kulturhuset
🚇 L3 🚌 Sergels Torg 🕐 Solo eventos; consultar programa en la web 🌐 kulturhusetstadsteatern.se

Este centro cultural fue diseñado por el arquitecto Peter Celsing como un "centro de cultura viva". Ofrece exposiciones de arte y fotografía, películas, teatro y mucho más. Los conciertos se celebran en el interior y, en verano, en la terraza de la azotea con vistas de la ciudad. Dispone de un café y una biblioteca infantil, y alberga la oficina de turismo de Estocolmo.

4 Hamngatan
🚇 M3

Hamngatan, una de las principales calles comerciales de Estocolmo, une Sergels Torg con el parque Berzelii. Aquí se encuentran los grandes almacenes NK, la moderna Gallerian y la tienda principal de H&M. Los tranvías de la línea 7 descienden por Hamngatan hasta Djurgården, pasando por Norrmalmstorg. De ella salen también los tranvías antiguos a Djurgården (p. 80). Norrmalmstorg fue el escenario del atraco de un banco en 1973 que dio nombre al síndrome de Estocolmo, en el que los rehenes simpatizan con sus captores.

**El interior neobarroco
de la Kungliga Operan**

Cerezos en flor en Kungsträdgården

5 Kungsgatan
📍 M2

La calle del Rey se construyó entre 1904 y 1905 para comunicar Kungsholmen, Norrmalm y Östermalm. Destacan sus dos torres, las Kungstornen, levantadas entre 1924 y 1925 e inspiradas en los edificios de Lower Manhattan de la época –fueron las primeras construcciones de este tipo en Europa–. Kungsgatan es una animada calle comercial donde se encuentran muchas tiendas de moda y artículos para el hogar, sobre todo entre Hötorget y Stureplan, y el cine Rigoletto, que data de 1939.

6 Placa conmemorativa y tumba de Olof Palme
📍 L1

En la intersección de Sveavägen y Tunnelgatan hay una placa que señala el lugar donde fue asesinado el primer ministro sueco Olof Palme el 28 de febrero de 1986. La gente suele dejar flores en ella, sobre todo en el aniversario de su muerte. La calle hacia el oeste fue rebautizada Olof Palmes Gata en su honor. Palme está enterrado en la cercana Adolf Fredriks Kyrka (p. 48), en una tumba con una sencilla lápida.

7 Kungsträdgården
📍 M3

El jardín del Rey, uno de los lugares de encuentro más populares de la ciudad, bulle de actividad durante todo el año. En primavera celebra el Día del Cerezo en Flor, mientras que en invierno alberga un encantador mercado navideño y es uno de los destinos preferidos para patinar sobre hielo. Durante el verano es un lugar ideal para relajarse. Kungsträdgården también alberga unos 285 tilos que sustituyeron a olmos viejos y enfermos que se remontaban al siglo XVII. El parque tiene varios cafés al aire libre, galerías de arte y restaurantes; también acoge conciertos.

8 Centralbadet
📍 L1 🏠 Drottninggatan 88
🕐 7.00–20.30 lu–vi, 8.00–19.30 sá y do
🌐 centralbadet.se 📍

En un precioso edificio *art nouveau* de 1904 y rodeado de vegetación se encuentra Centralbadet, un relajante oasis junto a la bulliciosa Drottninggatan. Entre sus instalaciones se incluyen piscina, solárium, gimnasio, bar, restaurante y balneario. También hay sauna y una amplia oferta de masajes y tratamientos faciales y de reflexología.

Exposición en el interior del Medelhavsmuseet

9 Hötorget
P L2

Al lado de Kungsgatan se halla la plaza adoquinada Hötorget (mercado de Heno), con un mercado de frutas y verduras en pleno corazón comercial de la ciudad. Junto al edificio del Konserthuset (Auditorio Real) hay una estatua del escultor Carl Milles. Al sur se alza Filmstaden Sergel, uno de los mayores multicines de Estocolmo, donde se proyectan éxitos internacionales en idioma original. Bajo el cine se encuentra el mercado cubierto Hötorgshallen, con sus puestos de delicias suecas y extranjeras. Al norte de la plaza está la excelente zona de restaurantes Kungshallen (p. 72).

10 Medelhavsmuseet
P M4 **A** Fredsgatan 2
O 11.00–20.00 ma–vi, 11.00–17.00 sá y do **W** varldskulturmuseerna.se/medelhavsmuseet

La colección de este museo está formada por antigüedades y reliquias históricas de las regiones del Mediterráneo y Oriente Próximo. La muestra sobre Egipto incluye momias, sarcófagos y otras piezas funerarias. La colección de Oriente Próximo recorre el arte islámico del siglo VII en adelante. La colección sobre Chipre muestra objetos excavados en la expedición sueca a la isla entre 1927 y 1931. Hay un restaurante llamado Bagdad Café.

UN DÍA EN EL CENTRO

Mañana

Empieza el día en la **estación de metro Kungsträdgården** –la última de la línea azul–, decorada con restos de edificios del siglo XVIII demolidos en la década de 1960. Deja la estación por la salida de **Kungsträdgården** y crúzalo hacia el norte hasta llegar a **Hamngatan** (p. 69), donde se encuentran los grandes almacenes NK con su icónico reloj giratorio de neón en el techo. Continúa por Hamngatan y visita Gallerian y la tienda principal de H&M antes de dirigirte a **Sergels Torg** (p. 69). Entra en el **Kulturhuset** (p. 69) para disfrutar de su oferta cultural y tomar algo en el Café Panorama, situado en la quinta planta. Desde Sergels Torg, la peatonal Sergelgatan conduce hasta **Hötorget;** toma un almuerzo ligero en **Hötorgshallen** o **Kungshallen** (p. 72).

Tarde

Cerca de **Hötorget** se encuentran la **placa conmemorativa de Olof Palme** y su tumba, en la **Adolf Fredriks Kyrka** (p. 48). Esta iglesia alberga también un monumento al filósofo francés René Descartes, que murió en Estocolmo en 1649. Recorre las tiendas de **Kungsgatan,** con sus torres de la década de 1920, y camina hasta **Vete-Katten** (p. 72) para disfrutar de una *fika* (pausa con café y algo dulce). Una buena opción para cenar es **Smak** (p. 73), un restaurante próximo a la intersección de **Kungsgatan** y **Sveavägen** (p. 74).

Disfrutando de una copa en el extraordinario Icebar by Icehotel

Cafés, bares y *pubs*

1. Vete-Katten
◫ K2 ⌂ Kungsgatan 55
◷ 7.30–20.00 lu-vi, 9.00–19.00 sá y do
ⓦ vetekatten.se
El Gato de Trigo, un café inaugurado en 1928, está especializado en tartas y bollos tradicionales.

2. INDIA'S
◫ D2 ⌂ Birger Jarlsgatan 29 ◷ Los horarios varían, consultar la web
ⓦ indiassthlm.se
Popular restaurante indio que sirve una deliciosa comida, además de *lassi* de mango y sabrosos margaritas.

3. Ládan
◫ L1 ⌂ Luntmakargatan 63 ◷ 17.00–23.00 ma-ju, 11.30–24.00 vi, 17.00–24.00 sá ⓦ ladansthlm.se
Comida rápida sencilla pero sabrosa y cerveza artesanal sueca en un entorno industrial urbano.

4. Kungshallen
◫ L2 ⌂ Kungsgatan 44 ◷ 10.00–21.00 lu-vi, 11.00–21.00 sá y do ⓦ kungshallen.eu
La zona de restaurantes de Hötotorget ofrece una gran variedad de cocina internacional.

5. Kaferang City
◫ L2 ⌂ Gamla Brogatan 13 A ◷ 9.00–19.30 diario ⓦ haferang.se/city
Un café, bistró y bar ideal para lanzarse sobre un montón de tortitas, saludables cuencos o tarta de arándanos.

6. K25
◫ K2 ⌂ Kungsgatan 25 ◷ 11.00–21.00 lu-sá, 12.00–17.00 do ⓦ h25.nu
En este espacio gastronómico con precios asequibles hay una docena de establecimientos con varias especialidades.

7. Sosta
◫ L1 ⌂ Sveavägen 84 ◷ 8.00–18.00 lu, 8.00–22.00 ma-sá ⓦ sosta.se
El expreso italiano de este café-bar recibe grandes elogios.

8. Basta
◫ L3 ⌂ Klarabergsgatan 50 ◷ Los horarios varían, consultar la web
ⓦ restaurangbasta.se
Uno de los mejores locales de *pizza* de la ciudad, situado en la cuarta planta de los almacenes Åhléns City.

9. Icebar by Icehotel
◫ C3 ⌂ Nordic C Hotel, Vasaplan 4
◷ 11.00–23.00 lu-ju, 11.00–24.00 vi y sá, 14.00–21.00 do
ⓦ hotelcstockholm.com
Desde el mobiliario hasta los vasos, aquí todo está esculpido en hielo procedente del río Torne.

10. Café Panorama
◫ L3 ⌂ Sergels Torg 3 ◷ 11.00–19.30 diario (hasta 18.00 sá y do)
ⓦ panoramacafe.se
Haciendo honor a su nombre, este café ofrece vistas de la ciudad.

Dónde comer

1. Supper

📍 K1 🏠 Humlegårdsgatan 17
🕐 Los horarios varían, consultar la web
🌐 supper.nu/stockholm · Ⓚ Ⓚ

Los sabores sudamericanos dominan los platos de Supper, con raciones pensadas para compartir.

2. Wedholms Fisk

📍 N3 🏠 Arsenalsgatan 1 🕐 11.30-23.00 lu-vi, 17.00-23.30 sá
🌐 wedholmsfish.se · Ⓚ Ⓚ Ⓚ

Elegante restaurante de pescado con una gran selección de platos.

3. Grill

📍 C2 🏠 Drottninggatan 89 🕐 17.00-23.00 lu y ma, 17.00-24.00 mi y ju, 17.00-1.00 vi, 16.00-1.00 sá
🌐 grill.se · Ⓚ Ⓚ

Este restaurante sirve carnes y pescados de diversos tipos asados sobre leña y carbón, además de buenas opciones vegetarianas.

4. Smak

📍 L2 🏠 Oxtorgsgatan 14
🕐 11.30-13.00 y 17.00-24.00 lu-vi, 17.00-24.00 sá 🌐 smakstockholm.se · Ⓚ Ⓚ

El concepto de Smak es sencillo pero novedoso: ofrecer menús de tres, cinco o siete platos con combinaciones de sabores.

5. Petite Maison

📍 K3 🏠 Vasagatan 38 🕐 15.00-23.00 do-mi, 15.00-24.00 ju, 15.00-1.00 vi, 13.00-1.00 sá 🌐 mapetitemaison.se · Ⓚ Ⓚ

Música, tapas y cócteles en esta whiskería experimental y sofisticada.

6. Rolfs Kök

📍 C2 🏠 Tegnérgatan 41 🕐 17.00-24.00 ma-ju y do, 17.00-1.00 vi y sá
🌐 rolfskok.se · Ⓚ

Interpretaciones modernas de platos clásicos suecos y una excelente carta de vinos.

7. Nalen Restaurang

📍 M1 🏠 Regeringsgatan 74 🕐 Los horarios varían, consultar la web
🌐 nalen.com · Ⓚ

Sirve una deliciosa cocina clásica sueca.

8. Tjabba Thai

📍 K1 🏠 Wallingatan 7 🕐 11.00-21.00 lu-vi, 14.00-21.30 sá y do
🌐 tjabbathai.se · Ⓚ

Una de las mejores cocinas tailandesas de la ciudad. Buen marisco.

9. Belgobaren

📍 K3 🏠 Bryggargatan 12a
🕐 Los horarios varían, consultar la web
🌐 belgobaren.se · Ⓚ

Mejillones servidos de 10 maneras, desde *moules frites* hasta cocinados con curri.

10. Operakällarens Bakfickan

📍 M3 🏠 Operahuset, Karl XII:s torg
🕐 11.30-23.00 lu-vi, 12.00-22.00 sá
🌐 operakallaren.se · Ⓚ Ⓚ

Sirve los platos suecos más populares, como las albóndigas.

El elegante comedor del Operakällarens Bakfickan

VASASTAN Y KUNGSHOLMEN

Situada justo al noroeste de Norrmalm, Vasastan está salpicada de parques y surcada por bonitas calles. También destaca su oferta cultural, con un sinfín de arte en el Sven-Harrys Konstmuseum y el Bonniers Konsthall, mientras que la Stadsbiblioteket rinde homenaje a la literatura. Al otro lado del río se extiende Kungsholmen, una antigua zona deprimida hoy famosa por albergar el Stadshuset, uno de los edificios más famosos de Estocolmo.

1 Sveavägen
Esta calle ancha y recta, construida como un típico bulevar parisino, une el centro de la ciudad con Odenplan y otras zonas más lejanas. Tras un inicio poco prometedor en Sergels Torg,

Sveavägen se llena de árboles, tiendas elegantes, bares y restaurantes a partir de Hötorget. Aquí se encuentran la Adolf Fredriks Kyrka *(p. 48)* y la Stadsbiblioteket. Pasado Odenplan, Sveavägen continúa hasta rebasar el límite norte

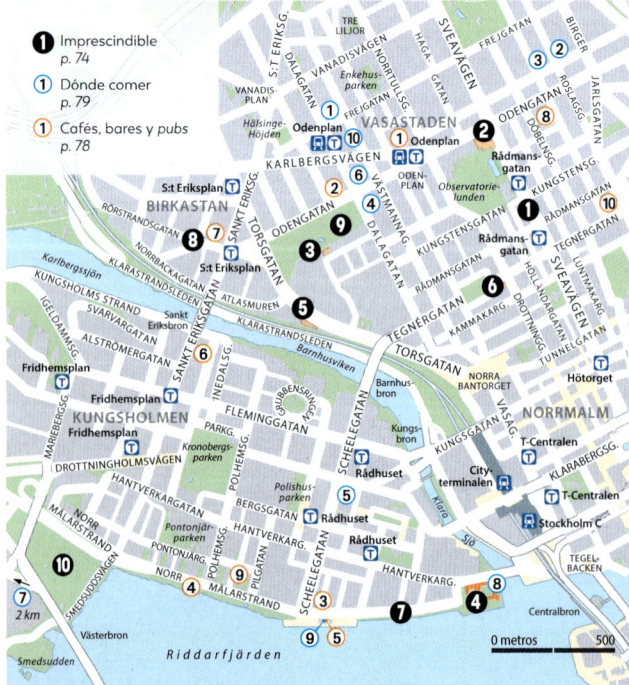

1 Imprescindible
p. 74

1 Dónde comer
p. 79

1 Cafés, bares y *pubs*
p. 78

Para alojamientos en la zona, ver p. 115

Paredes cubiertas de libros de la Stadsbiblioteket

de la ciudad, a un breve paseo del Hagaparken *(p. 42)*.

2 Stadsbiblioteket

 C1 Sveavägen 73 Por obras hasta 2027 bibliotehet.stockholm.se

La Biblioteca Pública de Estocolmo fue uno de los principales edificios construidos en Estocolmo a principios del siglo XX. Fue diseñada por Gunnar Asplund en estilo clasicista nórdico. El elemento más destacado de este edificio color anaranjado es la rotonda central. En su interior, las paredes de las distintas plantas aparecen cubiertas de estanterías con libros y el alto techo blanco aporta luz. Fue la primera biblioteca pública de Suecia que adoptó la modalidad de estantería abierta, en la que el público accede directamente a los libros.

3 Sven-Harrys Konstmuseum

 B2 Eastmansvägen 10 10.00-18.00 ma-vi (hasta 20.00 mi), 11.00-17.00 sá y do sven-harrys.se

El constructor y coleccionista de arte Sven-Harry Karlson levantó este espectacular edificio revestido de cobre para albergar salas de exposiciones, un museo de arte, restaurantes y apartamentos privados. El ático es una réplica de la mansión del siglo XVIII de Karlson y aloja su colección de arte. No hay que perderse el jardín de esculturas de la azotea.

4 Stadshuset

El ayuntamiento *(p. 30)*, uno de los monumentos más famosos de Estocolmo, está ubicado a orillas de la bahía de Riddarfjärden y resulta visible desde lejos. Se construyó en estilo romántico nacional con ocho millones de ladrillos y sirve de sede al concejo municipal.

Fachada de ladrillo del Stadshuset

5 Bonniers Konsthall
B2 · Torsgatan 19 · 12.00-20.00 mi, 12.00-17.00 ju-do · bonnierskonsthall.se

Esta galería de arte contemporáneo sueco e internacional, una de las más importantes de Estocolmo, ocupa un inconfundible edificio triangular proyectado por el arquitecto local Johan Celsing. Inaugurada en 2006, es una institución independiente y sin ánimo de lucro cuya misión es apoyar el arte, y ofrece exposiciones gratuitas en las que pueden encontrarse desde ganadores del Premio Turner hasta talentos emergentes.

6 Strindbergsmuseet
K1 · Drottninggatan 85 · 12.00-16.00 ma-do (jul y ago: desde 10.00) · strindbergsmuseet.se

El prolífico escritor August Strindberg, considerado el padre de la literatura moderna sueca, residió sus últimos cuatros años de vida en la Torre Azul, nombre que él mismo dio a su casa. El estudio, el salón y el dormitorio se han conservado tal cual los dejó el escritor en 1912. También hay muchos retratos fotográficos de Strindberg y su familia y fotografías de lugares relacionados con el autor.

7 Norr Mälarstrand
J4

Norr Mälarstrand ofrece un pintoresco paseo. El muelle, salpicado de antiguas embarcaciones y casas flotantes, se

---

COMPRAS EN KUNGSHOLMEN

Kungsholmen es una zona de compras alternativa al centro de la ciudad. Eriksgatan y Fleminggatan son las principales calles comerciales, y en Fridhemsgatan y Hantverkargatan hay tiendas de segunda mano. También tiene buenos restaurantes, bares y cafés para hacer una pausa.

---

transforma en un sendero junto al agua en su tramo oeste. Se puede empezar en el Stadshuset o caminar hacia él desde el Västerbron (el autobús número 4 para en Västerbroplan; hay que bajar la escalera hacia el parque Rålambshov y tomar el sendero de la orilla). Por el camino se encuentran lugares para comer y beber, así como buenas vistas de Söder desde la bahía de Riddarfjärden.

8 Rörstrandsgatan
A2

Esta calle toma su nombre de la población medieval de Rörstrand, aunque quienes residen en ella la llaman afectuosamente el Pequeño París. Rörstrandsgatan está llena de tiendas interesantes en las que se venden desde *tweed* británico y azulejos

italianos hasta bombones y cervezas artesanales. También se encuentran numerosos cafés y restaurantes con terrazas. Rörstrandsgatan parte de Sankt Eriksplan y luego se une a Karlbergsvägen.

9 Vasaparken
 B2

El pulmón verde de Vasastan se trazó a principios del siglo XX como un espacio abierto para hacer deporte, función que mantiene con sus campos de fútbol, pistas de petanca y una pista de hielo en invierno. También hay zonas de césped y un popular parque infantil. En 1917 se erigió la escultura *Arbetaren (El trabajador)*, obra de Gottfrid Larsson en honor de la clase trabajadora. Se pueden comprar tentempiés y bebidas en numerosos quioscos repartidos por el parque.

10 Rålambshovsparken
 A3

Conocido como Rålis, se creó como parque funcionalista en 1936, al mismo tiempo que se construía el Västerbron. En verano es un lugar frecuentado por bañistas y aficionados al fútbol, el *brännboll* (deporte parecido al béisbol) y el disco volador. En 1953 se abrió un teatro al aire libre.

Elegantes edificios junto a la orilla en Norr Mälarstrand

UN DÍA EN VASASTAN Y KUNGSHOLMEN

Mañana

Comienza el día en el **Stadshuset** *(p. 30)*: hay visitas guiadas desde las 10.00 y se puede acceder a la torre (may-sep: desde 9.10). Luego disfruta de un paseo junto al agua por la popular **Norr Mälarstrand** hasta **Petite France** *(p. 78)* para tomar un café y un dulce. La calle Sankt Eriksgatan parte del extremo nororiental del **Rålambshovsparken** y atraviesa la principal zona comercial de Kungsholmen. Además de ver las tiendas, incluido el centro comercial de Fridhemsplan, puedes tomar un almuerzo ligero en **Café Fix** *(cafefix.se)*, considerado el café más antiguo de Estocolmo.

Tarde

Atravesando Sankt Eriksbron llegas al extremo norte de Sankt Eriksgatan, donde se encuentran varias tiendas de discos. Desde aquí hay un corto paseo hasta el **Vasaparken,** un bonito parque para relajarse con un helado en verano o patinar sobre hielo en invierno. **Konditori Ritorno** *(p. 78)* se encuentra justo frente al parque. Continúa hasta Odenplan y entra en la **Stadsbiblioteket** *(p. 75)*, diseñada en estilo clasicista nórdico. Termina el día cenando en **Café Tranan** *(p. 78)* –puedes comer en el restaurante o en el bar y luego tomar algo junto a los locales–.

Cafés, bares y *pubs*

La terraza del
Non Solo Bar

1. Café Tranan
⚲ B1 ⌂ Karlbergsvägen 14 ⏱ 19.00-
1.00 lu-do 🌐 tranan.se
El bar bajo el restaurante es perfecto para
relacionarse con el público local.

2. Konditori Ritorno
⚲ B2 ⌂ Odengatan 80-82
⏱ 7.00-20.00 lu-vi 🌐 ritorno.se
Café-pastelería de estilo retro con café
filtrado y deliciosos bollos de canela.

3. Chewie's Bar
⚲ B4 ⌂ Norr Mälarstrand 32
⏱ 16.00-23.00 ma-ju, 15.00-23.00
vi y sá 🌐 chewiesbar.com
Bar elegante que sirve vinos excelentes,
cervezas artesanas, sidras y platos de verduras. Se admite la entrada de perros.

4. Mälarpaviljongen
⚲ A4 ⌂ Norr Mälarstrand 64
⏱ 11.00-22.00 diario (hasta 23.00
vi y sá) 🌐 ny.malarpaviljongen.se
Café y bar en un pontón con un menú
creativo. Solo abre en verano.

5. Orangeriet
⚲ B4 ⌂ Norr Mälarstrand Kajplats
464 ⏱ Los horarios varían, consultar
la web 🌐 trattorian.se/orangeriet
Este café de día y bar por la noche, es conocido por sus hamburguesas y ensaladas.

6. BrewDog Kungsholmen
⚲ A2 ⌂ Sankt Eriksgatan 56
⏱ 16.00-22.00 lu y ma, 17.00-23.00
mi y ju (hasta 24.00 vi), 14.00-24.00
sá 🌐 drink.brewdog.com
Inaugurada en 2023 en la zona norte
de Kungsholmen, esta cervecería es-
cocesa vende sus propias cervezas,
además de otras marcas selectas.

7. Non Solo Bar
⚲ C1 ⌂ Rörstrandsgatan 4 ⏱ 8.00-
21.00 lu y ma (hasta 22.00 mi-sá),
8.00-20.00 do 🌐 nonsolobar.se
Este local italiano sirve un café
muy bien valorado y platos clásicos
como pastas, ensaladas y
sándwiches.

8. Olssons Skor
⚲ C1 ⌂ Odengatan 41 ☎ 08 673
38 00 ⏱ 21.00-3.00 mi-sá
En este local íntimo suenan ritmos
electrónicos clásicos hasta tarde.

9. Petite France
⚲ B3 ⌂ John Ericssonsgatan 6
⏱ 7.00-18.00 diario (hasta 17.00
sá y do) 🌐 petitefrance.se
Esta cafetería de inspiración francesa
ofrece deliciosos cruasanes, *brioches* y
bollería variada recién horneada.

10. Man in the Moon
⚲ C2 ⌂ Tegnérgatan 2c ⏱ 11.00-
23.00 lu, 11.00-24.00 ma-ju, 12.00-
1.00 sá 🌐 maninthemoon.se
Un *pub* con ambiente inglés que dispone de una gran selección de cervezas
artesanas suecas.

La barra del BrewDog
Kungsholmen

Dónde comer

PRECIOS

Una comida de tres platos con media botella de vino (o equivalente), servicio e impuestos incluidos.

Ⓚ menos de 700 kr Ⓚ Ⓚ 700-1.000 kr
Ⓚ Ⓚ Ⓚ más de 1.000 kr

1. Linguini

🔟 B1 🏠 Frejgatan 48 🕐 Los horarios varían, consultar la web 🌐 restaurang linguini.se · Ⓚ

Buena comida italiana en un ambiente acogedor. Conviene reservar con antelación.

2. Clas på Hörnet

🔟 C1 🏠 Surbrunnsgatan 20 🕐 17.00-24.00 lu y sá, 11.30-24.00 ma-vi 🌐 claspahornet.com · Ⓚ

Este hotel ofrece platos suecos con ingredientes frescos y ecológicos.

3. Svartengrens

🔟 C1 🏠 Tulegatan 24 🕐 17.00-1.00 mi-sá, 17.00-24.00 do
🌐 svartengrens.se · Ⓚ Ⓚ Ⓚ

El restaurante sirve productos ecológicos y buenos cócteles.

4. Wasahof

🔟 B2 🏠 Dalagatan 46 🕐 17.00-23.00 ma-ju, 12.00-1.00 vi y sá
🌐 wasahof.se · Ⓚ Ⓚ

Este bistró francés destaca por sus mariscos. Las ostras son su especialidad.

5. Spisa Hos Helena

🔟 B3 🏠 Scheelegatan 18
🕐 16.00-24.00 sá y do
🌐 spisahoshelena.se · Ⓚ

El menú dominical de este bistró tiene una magnífica relación calidad/precio.

6. Tennstopet

🔟 B2 🏠 Dalagatan 50 🕐 Los horarios varían, consultar la web
🌐 tennstopet.se · Ⓚ Ⓚ Ⓚ

Local para evocar las décadas de 1940 y 1950 y comer platos típicos suecos.

Interior clásico del Lux Dag för Dag

7. Lux Dag för Dag

🏠 Primusgatan 116 🕐 17.00-22.00 mi-sá 🌐 luxdagfordag.se · Ⓚ

Bistró-restaurante que prepara platos de temporada elaborados con productos frescos y locales.

8. Stadshuskällaren

🔟 C4 🏠 Hantverhargatan 1
🕐 11.30-14.00 lu-vi, 11.30-14.00 y 17.00-23.00 mi-sá 🌐 stadshus kallarensthlm.se · Ⓚ Ⓚ Ⓚ

En el sótano abovedado del Stadshuset se pueden probar los menús servidos en el banquete del Premio Nobel desde 1901.

9. Trattorian

🔟 B4 🏠 Norr Mälarstrand 9, Kajplats 464 🕐 Desde 17.00 diario; las horas de cierre varían, consultar la web 🌐 trattorian.se · Ⓚ Ⓚ

Cocina clásica italiana servida en un pontón junto a la orilla, con fabulosas vistas de la bahía al atardecer.

10. Lilla Ego

🔟 B1 🏠 Västmannagatan 69 🕐 17.00-23.00 ma-sá 🌐 lillaego.com · Ⓚ Ⓚ Ⓚ

Platos de temporada elaborados por chefs galardonados. Hay que reservar con bastante antelación.

ÖSTERMALM Y DJURGÅRDEN

Östermalm y Djurgården son dos barrios vecinos, pero no pueden ser más distintos. Östermalm se urbanizó hacia la década de 1880 como una de las zonas residenciales más exclusivas de la ciudad y hoy alberga suntuosas mansiones, lujosos restaurantes y tiendas de diseño. Destacan el apacible Humlegården y el impresionante Historiska Museet. Por su parte, Djurgården, ubicado en una isla distinta, es un frondoso oasis con solo 800 residentes permanentes e integrado en el Parque Urbano Nacional de Estocolmo. El extremo oriental es una zona verde con excelentes paseos, mientras que en el extremo occidental se encuentran varios de los principales lugares de interés de Estocolmo, como Skansen, el divertido ABBA The Museum, el Vasamuseet y el parque de atracciones Gröna Lund.

1. Imprescindible
   p. 81

1. Dónde comer
   p. 85

1. Cafés, bares y pubs
   p. 84

Para alojamientos en la zona, ver p. 115

El pintoresco Djurgårdsbrunnsviken

1 Paseo por Djurgårdsbrunnsviken
📍 R4

Hay que bajar del autobús o el tranvía en el Djurgårdsbron, frente al Nordiska Museet. Se franquean las puertas azules y se toma el sendero de Rosendalsvägen, a orillas del agua, para contemplar las embarcaciones de caoba, las canoas y los hidropedales. El camino conduce hasta el huerto biodinámico y el café de Rosendals Trädgård *(p. 84)*.

2 Historiska Museet
El Museo de Historia de Suecia *(p. 40)* incluye colecciones sobre la Prehistoria, el periodo vikingo y la Edad Media. Entre las magníficas piezas pueden verse antiguas joyas de oro y la reconstrucción de una pequeña iglesia rural de Västergötland de finales de la Edad Media. Hay muestras que enseñan cómo vivían y trabajaban y qué comían los habitantes de la Prehistoria, además de hallazgos arqueológicos con 3.000 años de antigüedad. Las exposiciones sobre los vikingos revelan que este pueblo se dedicaba con más frecuencia a comerciar que a saquear.

3 Gröna Lund
En la orilla de Djurgården se halla Gröna Lund *(p. 36)*, un parque de atracciones y un destacado recinto para conciertos. Dispone de más de 30 atracciones, entre ellas 7 montañas rusas, una de las mayores torres de caída libre del mundo y Eclipse, una atracción de sillas voladoras de 122 m de altura. También hay tiovivos antiguos, atracciones de feria y multitud de restaurantes, bares y puestos de comida rápida.

4 Humlegården
📍 M1

Muy cerca de Stureplan se encuentran los senderos flanqueados por robles y las zonas de césped de Humlegården o jardín del Lúpulo, un lugar ideal para alejarse del bullicio de la ciudad. Este antiguo jardín real es un parque público desde 1869 y ofrece una amplia zona de juegos y, en verano, discotecas y bares al aire libre. En el centro hay una estatua del naturalista sueco Carlos Linneo. Humlegården también alberga la Biblioteca Nacional de Suecia.

Estatua de Carlos Linneo, Humlegården

5 Nordiska Museet

Este precioso museo *(p. 38)* muestra la vida cotidiana en Suecia desde el siglo XVI hasta la actualidad a través de numerosas piezas. La exposición está centrada en los periodos de mayor cambio: se estudian las tendencias en la moda de las décadas de 1780, 1860 y 1960 y los interiores, tanto los elaborados estilos del siglo XIX como las implicaciones prácticas del auge inmobiliario en la década de 1970. También se explica el origen de tradiciones suecas como los bailes alrededor del palo de mayo en la celebración del solsticio de verano.

6 ABBA The Museum

R5 Djurgårdsvägen 68
Los horarios varían, consultar la web abbathemuseum.com

Los seguidores del exitoso grupo de pop sueco ABBA disfrutan mucho en este museo con varias muestras interactivas. Los visitantes pueden ponerse el legendario vestuario del grupo y cantar junto a sus hologramas en el Polar Studio. En la muestra sobre el Folkpark se retrocede hasta 1966, año en que nació el fenómeno ABBA, ya que fue aquí donde Benny y Björn se conocieron. También se puede escuchar a los miembros de la banda relatando su vida y su increíble carrera.

7 Skansen

Situado en una bonita ubicación en Djurgården, Skansen *(p. 22)* es uno de los principales lugares de interés de la ciudad. Las casas y granjas de varias épocas y zonas del país permiten viajar a lo largo de la historia de Suecia. También hay muestras interactivas y artesanos con trajes de época que ofrecen demostraciones de oficios, como soplado de vidrio. Muchas de las actividades están dirigidas a las familias, en especial la escuela en miniatura y las atracciones de feria.

8 Vasamuseet

Contemplar de cerca el *Vasa*, el buque de guerra del siglo XVII mejor

ARQUITECTURA DE ÖSTERMALM

Östermalm surgió a finales del siglo XIX en torno a Karlavägen, Strandvägen, Valhallavägen y Narvavägen. Algunos de los mejores arquitectos suecos de la época, como Gustaf Dahl, que proyectó la Kungliga Biblioteket, e Isak Gustaf Clason, que creó el Bünsowska Huset en Strandvägen, desarrollaron el barrio en estilo renacentista.

El popular café de ABBA The Museum

El buque de guerra *Vasa*
en el Vasamuseet

conservado del mundo, es una experiencia única. Construido como la joya de la flota sueca, se hundió minutos después de zarpar en su viaje inaugural en Estocolmo en 1628, y permaneció bajo el agua 333 años. En 1961 se llevó a cabo una extraordinaria operación para reflotarlo. El Vasamuseet *(p. 24)* incluye muestras sobre la historia del navío y su impresionante restauración.

9 Stureplan
M2

De ser solo el nombre de una plaza con una estructura en forma de seta para protegerse de la lluvia, Stureplan se ha convertido en sinónimo de lujo y estilo. En las calles que parten de ella se encuentran marcas exclusivas de moda y caros restaurantes, bares y locales nocturnos.

10 Strandvägen
P3

Finalizada para la Feria Mundial de Estocolmo de 1897, Strandvägen es una de las calles más prestigiosas de la ciudad. Este ancho bulevar paralelo a la orilla de Nybroviken luce un aspecto majestuoso, que se ve realzado por los tranvías antiguos que circulan por él. En los números 29-33 se sitúa el Bünsowska Huset, un edificio diseñado por los arquitectos Isak Gustaf Clason y Anders Gustaf Forsberg. A la sombra de los árboles circulan peatones y ciclistas, y en los muelles se alinean barcos de madera.

UN DÍA EN ÖSTERMALM Y DJURGÅRDEN

Mañana

Comienza el día en la seta de hormigón de **Stureplan**. Detrás de esta escultura se encuentra la **Sturegallerian** *(sturegallerian.se)*, un lugar perfecto para comprar artículos de marcas exclusivas o echar un vistazo a la librería Hedengrens. Hay también varias cafeterías para tomarse un café –la acogedora Konditoriet es una buena opción–. A continuación, dirígete hacia las calles que rodean Östermalmstorg, el corazón comercial de Östermalm. En **Östermalms Saluhall**, un mercado del siglo XIX situado en la plaza, puedes comprar manjares suecos. Desde aquí hay un corto paseo hasta **Brasserie Elverket** *(p. 85)*, en Linnégatan, una excelente opción para almorzar los días laborables.

Tarde

Tras el almuerzo, da un paseo hasta **Strandvägen**; puedes continuar a pie por este encantador bulevar para admirar su arquitectura o subir a un autobús o un tranvía hasta la arbolada isla de **Djurgården** *(p. 80)*. Baja en **Skansen** *(p. 22)* y recorre el casco antiguo y las granjas. Termina el día con una clásica cena sueca en **Ulla Windbladh** *(p. 85)*. El cercano **Villa Godthem** *(p. 85)* es una buena segunda opción; ambos disponen de mesas al aire libre en verano.

El elegante comedor de Riche

Cafés, bares y *pubs*

1. Rosendals Trädgård
📍 G4 🏠 Rosendalsterrassen 12
🕐 11.00-16.00 diario 🌐 rosendals
tradgard.se

Este café situado en Djurgården sirve ensaladas ecológicas, sopas, sándwiches y bollería.

2. Blå Porten
📍 R5 🏠 Djurgårdsvägen 64
🕐 11.00-21.00 diario
🌐 blaporten.com

Blå Porten, próximo a Gröna Lund, Skansen y el Vasamuseet, dispone de un variado bufé libre.

3. Riche
📍 N2 🏠 Birger Jarlsgatan 4
🕐 11.30-24.00 lu-ma, 11.30-2.00 mi-vi, 11.00-2.00 sá, 12.00-22.00 do
🌐 riche.se

Popular lugar de encuentro, con decoración extravagante y carta de inspiración francesa.

4. Paulas
📍 D2 🏠 Humlegårdsgatan 1
🕐 7.30-19.00 lu-vi, 9.30-17.00 sá
🌐 paulasihallen.se

Situado en el Östermalm Saluhall, un mercado de 1888, Paulas sirve desayunos y comidas y se convierte en un bar de vinos por la tarde.

5. East
📍 M2 🏠 Stureplan 13 🕐 11.30-3.00 lu-vi, 12.00-3.00 sá, 17.00-3.00 do
🌐 east.se

En el corazón de la ciudad, East prepara comida asiática por el día y a las 23.00 se convierte en un local nocturno.

6. Obaren Sturehof
📍 M2 🏠 Sturegallerian 42, Stureplan 2
🕐 20.00-2.00 diario 🌐 obaren.se

Obaren Sturehof, parte de la animada escena nocturna de Stureplan, es una buena opción para salir de fiesta.

7. Scandic Anglais
📍 D2 🏠 Humlegårdsgatan 23 🕐 Desde 12.00 diario; las horas de cierre varían, consultar la web 🌐 scandichotels.com

Sus tres bares y la terraza en verano atraen a una animada clientela desde la salida del trabajo hasta tarde.

8. Valhallabageriet
📍 R1 🏠 Valhallavägen 174
📞 08 662 97 63 🕐 7.00-18.00 lu-vi, 8.00-15.00 sá, 9.00-15.00 do

Da la sensación de que cada semana se abriera una nueva panadería en Estocolmo, pero Valhallabageriet sigue siendo una de las favoritas. También sirve café y deliciosa bollería.

9. Saturnus
📍 D2 🏠 Erihsbergsgatan 6
🕐 8.00-19.00 lu-vi, 9.00-19.00 sá y do
🌐 cafesaturnus.se

Este café de estilo parisino sirve unos enormes cafés y bollos de canela. También prepara desayunos, *brunch* y almuerzos y ofrece a sus clientes una selección de periódicos internacionales.

10. Tudor Arms
📍 P2 🏠 Grevgatan 31 🕐 16.00-23.00 lu, 11.00-23.00 ma-vi, 13.00-23.00 sá, 13.00-19.00 do 🌐 tudorarms.com

El *pub* británico Tudor Arms lleva abierto desde 1969.

Dónde comer

1. Villa Godthem
📍 R4 🏠 Rosendalsvägen 9 🕐 11.30-23.00 lu-vi, 12.00-23.00 sá y do
🌐 villagodthem.se · Ⓚ

Ubicado en una casa de madera del siglo XIX, Villa Godthem sirve platos suecos clásicos y de gran calidad.

2. Sturehof
📍 M2 🏠 Stureplan 2 🕐 11.30-2.00 lu-sá, 12.00-2.00 do 🌐 sturehof.com · ⓀⓀ

Este restaurante clásico está especializado en mariscos.

3. Ekstedt
📍 D2 🏠 Humlegårdsgatan 17 🕐 17.00-1.00 mi-vi, 15.30-1.00 sá
🌐 ehstedt.nu · ⓀⓀⓀ

En el restaurante que el chef Niklas Ekstedt tiene en Estocolmo, los menús se cocinan sobre llamas.

4. Teatergrillen
📍 N2 🏠 Nybrogatan 3 🕐 Los horarios varían, consultar la web
🌐 teatergrillen.se · ⓀⓀⓀ

Este restaurante sirve una excelente cocina de fusión franco-sueca.

5. Brasserie Elverket
📍 Q2 🏠 Linnégatan 69 🕐 Los horarios varían, consultar la web 🌐 brasserie elverhet.se · Ⓚ

Este asador ofrece almuerzos con una magnífica relación calidad/precio y cerveza artesana de barril.

Mesas al aire libre en Ulla Winbladh

6. Coup d'Etat
📍 D1 🏠 Engelbrehtsgatan 37 🕐 17.00-22.00 ma, 17.00-23.00 mi y ju, 17.00-1.00 vi, 12.00-1.00 sá, 12.00-22.00 do 🌐 coupdetat.se · ⓀⓀ

Bistró con una sabrosa cocina persa y cócteles increíbles.

7. Grodan
📍 N2 🏠 Grev Turegatan 16 🕐 Desde 12.00 diario; las horas de cierre varían, consultar la web 🌐 grodan.se · ⓀⓀ

Inaugurado en 1985, este clásico de la cocina de fusión sueco-europea tiene un bar contiguo y una terraza en verano.

8. PA & Co
📍 N2 🏠 Riddargatan 8 🕐 17.00-22.00 ma, 17.00-23.30 mi-sá 🌐 paco.se · Ⓚ

Cocina sueca con toques innovadores en un espacio íntimo.

9. Cassi
📍 Q2 🏠 Narvavägen 30 🕐 10.45-20.00 lu-vi, 13.00-20.00 do 🌐 cassi.se · ⓀⓀ

Es un popular bistró francés familiar que sirve una deliciosa mezcla de cocina clásica francesa y tradicional sueca en un ambiente acogedor.

10. Ulla Winbladh
📍 R4 🏠 Rosendalsvägen 8 📞 08 534 897 01 🕐 12.00-23.00 diario · ⓀⓀ

Restaurante sueco, histórico y tradicional, próximo al Djurgårdsbron.

GAMLA STAN, SKEPPSHOLMEN Y BLASIEHOLMEN

El centro medieval de Gamla Stan (Ciudad Vieja) se remonta al siglo XIII y conserva un ambiente de cuento, especialmente por la noche. El inmenso Kungliga Slottet (Palacio Real) es su principal reclamo, aunque también cuenta con otros edificios históricos y bellas iglesias como Sorfyrkan. Cruzando hacia el este se encuentra la isla de Skeppsholmen, famosa por sus excelentes museos, como el Moderna Museet, con su colección de arte del siglo XX, y el Östasiatiska Museet, que alberga antigüedades de Oriente Próximo. Al norte se extiende Blasieholmen, sede del Nationalmuseum, repleto de arte, y con algunos lujosos restaurantes, cafés y bares.

Para alojamientos en la zona, ver p. 116

Riddarholmen, dominada por la Riddarholmskyrkan

1 Riddarholmen

📍 L5 🏛 Birger Jarls Torg
🌐 kungahuset.se

La isla del Caballero está separada de Gamla Stan por una carretera y un rio, pero merece la pena acercarse a ella. Desde la Evert Taubes Terrass se consiguen magníficas vistas de la bahía hasta el lago Mälaren. En la isla se encuentra la Riddarholmskyrkan, conocida por albergar las tumbas reales, y muchos palacios del siglo XVII, ahora ocupados por oficinas. Aquí se celebra Valborg *(p. 65)* con una hoguera y canciones.

2 Nationalmuseum

📍 N4 🕐 11.00-17.00 ma, mi y vi-do, 11.00-20.00 ju 🌐 national museum.se 📷📷

Este museo acoge la mayor colección de arte de Suecia, formada por unas 16.000 pinturas y esculturas que abarcan desde el Renacimiento hasta la época actual. El museo también organiza exposiciones temporales.

3 Kungliga Slottet

Con cerca de 1.400 estancias, el Palacio Real *(p. 34)* es uno de los más grandes de Europa. Además de residencia oficial del monarca y sede para eventos oficiales, alberga cinco museos, incluido el Tesoro en la cripta abovedada, con valiosos objetos, entre ellos coronas.

León junto a Kungliga Slottet

4 Stortorget
📍 M5

En el centro de Gamla Stan, Stortorget es la plaza más antigua de la ciudad y escenario de la masacre de Estocolmo de 1520. Al contrario que muchas otras plazas europeas, no presenta una distribución planificada: tiene una característica pendiente hacia el oeste y los edificios fueron construyéndose de manera aleatoria en los siglos XVII y XVIII. Börshuset (la Bolsa), en estilo rococó francés, se finalizó en 1776 y alberga el Nobelmuseet (p. 90). La tienda de segunda mano situada en Stortorget 5 conserva unas vigas en el techo de la década de 1640 con pinturas de animales, flores y frutas.

5 Storkyrkan
📍 M5 🏠 Trångsund 1
🌐 svenskakyrkan.se/stockholms domkyrkoforsamling

La catedral medieval de Estocolmo es famosa por guardar destacadas obras de arte, como la escultura *San Jorge y el dragón* (1489), tallada en roble y cuerno de

alce. El legendario *Vädersolstavlan (El parhelio)* de 1535 es la representación en color más antigua conservada de la ciudad, pintada desde los acantilados de Södermalm. La catedral también ofrece servicios religiosos y conciertos.

6 Moderna Museet
📍 P4 🏠 Exercisplan 4 🕐 10.00-20.00 ma, 10.00-18.00 mi-do
🌐 modernamuseet.se

Este museo ubicado en la arbolada isla de Skeppsholmen alberga obras de destacados artistas del siglo XX, como Dalí, Picasso, Matisse, Giorgio de Chirico y muchos otros. La colección incluye 6.000 pinturas, esculturas e instalaciones, además de dibujos y fotografías. El museo también organiza exposiciones de arte contemporáneo sueco e internacional. Hay un taller para niños, una tienda y un restaurante desde el que se ven Djurgården y Strandvägen (p. 83) más allá de la bahía.

7 Calles de Gamla Stan
📍 M5

Västerlånggatan, la calle principal del casco antiguo, cuenta siempre con animación, pero su ambiente no es tan turístico como antes. En el extremo sur se halla Mårten Trotzigs Gränd, la calle más estrecha de Estocolmo. La tranquila Österlånggatan cuenta con varios restaurantes y tiendas curiosas, y la encantadora Köpmangatan, con cafés y bares, es un buen lugar para relajarse.

REURBANIZACIÓN DE SLUSSEN

Uno de los lugares más importantes históricamente de Estocolmo está viviendo una controvertida transformación. La zona en torno a Slussen –la esclusa entre el mar Báltico y el lago Mälaren que une Gamla Stan y Södermalm– se está reconstruyendo para mejorar el tráfico y crear un parque, una plaza y edificios. El nuevo Slussen estará completamente terminado en 2027.

Edificios antiguos flanqueando
Stortorget

8 Paseo por la orilla de Skeppsholmen

P4

Skeppsholmen es ideal para dar un paseo junto al agua en cualquier época del año. Se cruza el Skeppsholmsbron hacia la isla, se gira a la izquierda y se sigue el sendero que franquea una pequeña puerta y continúa por la orilla hasta el muelle Östra Brobänken. Merece la pena contemplar los barcos atracados aquí y las magníficas vistas. Un ferri lleva a Djurgården en el extremo sur de la isla. Más adelante está el Af Chapman *(p. 116)*, un buque que ahora es un albergue.

9 Mercado navideño

M5 Stortorget 4º sá de nov-23 dic: 11.00-18.00 diario

En invierno Estocolmo ofrece un ambiente mágico, sobre todo en el mercado navideño de Stortorget. En las pequeñas casetas rojas se venden luces y decoraciones navideñas, artesanía, dulces típicos, salchichas ahumadas, carne de reno y alce y otras delicias suecas. Se puede entrar en calor tomando un vaso o dos de *glögg* (vino caliente con especias).

10 Kastellholmen

Q6

Al sur de Skeppsholmen está la pequeña isla de Kastellholmen, parte del Parque Urbano Nacional. Es posible disfrutar de un pícnic en sus rocas graníticas, contemplar los barcos que pasan y admirar el Kastellet, un edificio medieval con aspecto de castillo.

Barcos amarrados en la isla de Kastellholmen

UN DÍA EN GAMLA STAN, SKEPPSHOLMEN Y BLASIEHOLMEN

Mañana

Comienza el día con una visita a dos de los mejores museos de Estocolmo: el autobús 65 sale de la estación central y llega a la isla de **Skeppsholmen.** Una vez aquí, dirígete al **Moderna Museet.** Tras disfrutar de su magnífica colección de arte del siglo XX, puedes tomar algo en el **Café Blom** *(p. 92)*, ubicado dentro del museo. Cruzando el Skeppsholmsbron hacia Blasieholmen están el **Nationalmuseum** *(p. 87)* y el **Grand Hotel** *(p. 116)*. Tras la visita vale la pena cruzar el Strömbron en dirección a **Kungliga Slottet** *(p. 34)*, subir por Slottsbacken y continuar por Österlånggatan, en Gamla Stan. Aquí el tradicional **Den Gyldene Freden** *(p. 93)* es perfecto para almorzar.

Tarde

Es buena idea pasear por las estrechas calles que rodean Köpmangatan hasta **Stortorget.** Disfruta de un chocolate caliente en **Chokladkoppen** *(p. 92)* mientras contemplas la plaza. Västerlånggatan ofrece un ambiente más relajado por la tarde; si te diriges al sureste, puedes ojear las tiendas. En el extremo oriental se encuentra Mårten Trotzigs Gränd, la calle más estrecha de la ciudad. Termina el día tomando unos tentempiés con alguna bebida en el popular **Pharmarium** *(p. 92)*.

Y además...

1. ArkDes
📍 P5 🏠 Exercisplan 4, Skeppsholmen
🕐 10.00-20.00 ma y vi, 10.00-18.00
mi y ju, 11.00-18.00 sá y do
🌐 arkdes.se ↗

Espacio dedicado a la arquitectura sueca de los últimos 1.000 años.

2. Evert Taubes Terrass
📍 L5 🏠 Riddarholmen

El mirador con vistas a Riddarfjärden que hay bajo el Wrangelska Palatset alberga una estatua del poeta y baladista Evert Taube (1890-1976).

3. Tyska Kyrkan
📍 M5 🏠 Svartmangatan 16 🕐 Los horarios varían, consultar la web 🌐 svenska kyrkan.se/deutschegemeinde ↗

Fundada en 1571, esta iglesia es un vestigio de la influencia alemana en Estocolmo durante el siglo XVIII.

4. Story Tours
📍 M5 🌐 storytours.eu ↗↗

Un paseo guiado por las calles de Gamla Stan descubre los lugares más interesantes.

5. Nobelmuseet
📍 M5 🏠 Stortorget 🕐 Los horarios varían, consultar la web 🌐 nobelprize museum.se ↗↗

A través de vídeos, objetos y visitas guiadas, este museo recorre la historia del Premio Nobel y sus ganadores.

6. Livrustkammaren
📍 M5 🏠 Slottsbacken 3 🕐 11.00-17.00 diario 🌐 livrustkammaren.se ↗

La Armería Real reúne más de 30.000 objetos que han pertenecido a la realeza sueca, como uniformes, armaduras y armas.

7. Forum För Levande Historia
📍 M5 🏠 Stora Nygatan 10 🕐 12.00-17.00 lu-vi, 12.00-16.00 sá
🌐 levandehistoria.se

El Foro de Historia Viva fomenta la tolerancia y los derechos humanos.

8. Postmuseum
📍 M5 🏠 Lilla Nygatan 6 🕐 11.00-17.00 ma-vi, 10.00-16.00 sá y do
🌐 postmuseum.posten.se ↗

Este museo recorre la historia del servicio postal sueco.

9. Jarnpojke
📍 E4 🏠 Bollhustäppan

A la izquierda de la Finska Kyrkan se encuentra esta estatua de 15 cm que representa a un niño mirando a la luna. Se dice que da buena suerte dejar una moneda.

10. Östasiatiska Museet
📍 P4 🏠 Tyghusplan, Skeppsholmen
🕐 Por obras hasta 2026
🌐 ostasiatiska.se ↗

Este museo alberga magníficas colecciones de Asia y Oriente Próximo.

Maquetas de casas tradicionales de madera, ArkDes

Compras

1. Gudrun Sjödén

🅿 M5 🏠 Stora Nygatan 33
🕐 10.00-18.00 lu-vi, 10.00-16.00 sá,
12.00-16.00 do
🔲 gudrunsjoden.com

Esta tienda vende ropa para mujer con mucho colorido y estilo escandinavo. La propia Gudrun Sjödén diseña las prendas de la marca desde la década de 1970.

2. Iris Hantverk

🅿 M5 🏠 Västerlånggatan 24
🕐 10.00-18.00 lu-vi, 11.00-16.00 sá,
12.00-16.00 do 🔲 irishantverk.se

Esta tienda del siglo XIX vende cepillos de bonito diseño que son elaborados por artesanos ciegos.

3. Earth N More

🅿 M5 🏠 Stora Nygatan 14 🕐 11.00-18.00 lu-vi, 11.00-16.00 sá
🔲 earthnmore.com

Este comercio con inquietudes medioambientales vende ropa y accesorios que "combinan diseño, utilidad y ecología de una manera atractiva".

4. Blå Gungan

🅿 M5 🏠 Österlånggatan 16
🕐 11.00-18.00 lu-vi, 11.00-16.00 sá
🔲 blagungan.se

Objetos para el hogar, accesorios y prendas, entre otras cosas, de diseñadores mayoritariamente suecos.

5. Hilda Hilda

🅿 M5 🏠 Österlånggatan 21 🕐 10.00-19.00 diario (hasta 18.00 do)
🔲 hildahilda.se

Esta tienda fundada en 1995 ofrece decoración para el hogar y accesorios. Todo está elaborado con lana y algodón orgánico y tejido en Suecia.

6. Charlotte Nicolin

🅿 M5 🏠 Köpmangatan 3 🕐 11.00-17.00 lu-sá 🔲 charlottenicolin.com

Aquí se venden todo tipo de artículos para el hogar, desde servilletas a bandejas o tazas, con simpáticos motivos

La tienda de ropa femenina Gudrun Sjödén

de erizos y zorros. Además, hay reproducciones de la obra gráfica de la artista sueca Charlote Nicolin.

7. Dala Shop

🅿 M5 🏠 Västerlånggatan 42
🕐 11.00-19.00 diario (hasta 19.30 vi y sá) 🔲 artcraft.nu

Esta encantadora tienda vende coloridos caballos de Dalecarlia en forma de figurita, imán y adorno navideño, así como ángeles y alces decorativos.

8. SF Bokhandeln

🅿 M5 🏠 Västerlånggatan 48
🕐 10.00-19.00 lu-vi, 10.00-18.00 sá, 12.00-17.00 do 🔲 sfboh.se

Este paraíso para los amantes de la ciencia ficción vende libros, películas, juegos y revistas.

9. Edblad

🅿 M5 🏠 Norrmalmstorg 1 🕐 10.00-18.00 lu-vi, 10.00-17.00 sá, 11.00-16.00 do 🔲 edblad.com

Los diseñadores Hans y Cathrine Edblad crean bonitas joyas, prendas y muebles teniendo siempre en mente la sostenibilidad.

10. Made in Stockholm

🅿 M5 🏠 Västerlånggatan 58
🕐 11.00-18.00 diario (hasta 17.00 do)
🔲 madeinstockholm.nu

Objetos de cristal, cerámica y plata, entre otras piezas artesanales, elaborados por artistas locales.

Cafés, bares y *pubs*

Entrada del Wirströms Pub, en Gamla Stan

1. Corner Club
⬛ D4 🏠 Lilla Nygatan 16 ☎ 08 20 85 83 🕐 17.00–24.00 mi y ju, 17.00–1.00 vi y sá

Popular entre los residentes, ofrece una extensa carta de cócteles.

2. Wirströms Pub
⬛ M5 🏠 Stora Nygatan 13 🕐 15.00–1.00 lu-ju, 11.00–1.00 vi y sá, 12.00–1.00 do 🌐 wirstromspub.se

En este conocido *pub* se dan cita estudiantes, turistas y locales.

3. Stampen
⬛ M5 🏠 Stora Nygatan 5 🕐 17.00–24.00 ma-ju y do, 16.00–1.00 vi, 13.00–2.00 sá 🌐 stampen.se

Este bar de jazz y blues fundado en 1968 ofrece música en directo.

4. Caffellini
⬛ M5 🏠 Västerlånggatan 67 ☎ 070 676 60 16 🕐 9.00–16.00 lu-vi, 10.00–18.00 sá

Este pequeño café sirve un magnífico expreso para llevar.

5. Ardbeg Embassy
⬛ M5 🏠 Västerlånggatan 68 🕐 Los horarios varían, consultar la web 🌐 ardbegembassy.se

Whiskería que también cuenta con una amplia selección de cervezas de pequeñas fábricas suecas. Además, sirve comida de gran calidad.

6. Pharmarium
⬛ M5 🏠 Stortorget 7 🕐 17.00–23.00 do-ma, 16.00–24.00 mi y ju, 15.00–1.00 vi y sá 🌐 pharmarium.se

Este bar de cócteles ocupa la primera farmacia de Suecia y prepara mezclas exclusivas con tentempiés.

7. Lydmar Hotel Bar
⬛ N4 🏠 Södra Blasieholmshamnen 2 🕐 7.00–24.00 diario (hasta 1.00 vi y sá) 🌐 lydmar.com

El elegante bar, ubicado en el Lydmar Hotel, sirve unas bebidas magníficas. En verano abre una terraza en la azotea.

8. Chokladkoppen
⬛ M5 🏠 Stortorget 18 🕐 Verano: 9.00–22.00 diario; invierno: 10.00–22.00 diario 🌐 chokladkoppen.se

Café con clientela LGTBIQ+ famoso por sus bollos de canela y chocolate caliente.

9. Café Blom
⬛ P4 🏠 Exercisplan 4, Skeppsholmen 🕐 11.00–17.00 diario (hasta 19.00 vi) 🌐 cafeblom.se

En ArkDes, junto al Moderna Museet, este café sirve tentempiés y una gran variedad de dulces. Dispone de una espléndida terraza al aire libre.

10. Cadier Bar, Grand Hotel
⬛ N4 🏠 Södra Blasieholmshamnen 8 🕐 7.00–13.00 lu-mi, 7.00–2.00 ju y vi, 8.00–2.00 sá, 8.00–1.00 do 🌐 grandhotel.se

En el elegante bar del Grand Hotel se puede tomar un delicioso desayuno, un *brunch*, un té o un cóctel.

Dónde comer

PRECIOS

Una comida de tres platos con media botella de vino (o equivalente), servicio e impuestos incluidos.

Ⓚ menos de 700 kr ⒦⒦ 700-1.000 kr
⒦⒦⒦ más de 1.000 kr

1. Tradition

📍 N5 🏠 Österlånggatan 1 🕐 12.00-23.00 lu-do 🌐 restaurang tradition.se · ⒦⒦

Este restaurante es un buen lugar para probar la cocina sueca tradicional.

2. Matbaren

📍 N4 🏠 Södra Blaiseholmshamnen 6 🕐 Los horarios varían, consultar la web 🌐 mdghs.se/matbaren · ⒦⒦

Productos de temporada en este bistró galardonado con estrella Michelin.

3. B.A.R.

📍 N3 🏠 Blasieholmsgatan 4a 🕐 Los horarios varían, consultar la web 🌐 restaurangbar.se · ⒦⒦

Excelente restaurante de pescado y marisco.

4. Fika & Wine

📍 N5 🏠 Österlånggatan 5 🕐 11.00-21.00 diario (hasta 21.30 vi-do) 🌐 cafefika.se · ⒦⒦

Clásicos de la cocina sueca y estupendo champán en un ambiente acogedor.

5. Bistro Pastis

📍 M5 🏠 Baggensgatan 12 🕐 15.00-23.00 lu-ju, 12.00 hasta tarde vi, 13.00 hasta tarde sá y do 🌐 pastis.se · ⒦⒦

Este moderno bistró francés sirve deliciosos platos galos.

6. Aifur

📍 M5 🏠 Västerlånggatan 68 🕐 17.00-23.00 lu-ju, 16.00-1.00 vi y sá 🌐 aifur.se · ⒦⒦⒦

Restaurante de temática vikinga famoso por sus platos medievales y grog.

7. Långa Raden

📍 P5 🏠 Gröna Gången 1 📞 08 407 23 05 🕐 11.30-22.00 diario (desde 12.00 sá y do) · ⒦⒦⒦

En este restaurante de hotel se sirve cocina sueca moderna.

8. Paganini

📍 M5 🏠 Västerlånggatan 75 🕐 11.00-23.00 diario (hasta 24.00 vi y sá) 🌐 paganini.nu · ⒦⒦

Sabrosos platos italianos como el *risotto* con parmesano y boletus servidos en un entorno rústico.

9. Den Gyldene Freden

📍 N5 🏠 Österlånggatan 51 🕐 12.00-23.00 lu-ju, 12.00-1.00 vi, 17.00-1.00 sá 🌐 gyldene freden.se · ⒦⒦

Este restaurante de estilo clásico, propiedad de la Academia Sueca, se inauguró en 1722.

10. Cork Wine Bar

📍 M5 🏠 Stora Nygatan 22 🕐 16.00-22.00 ma-ju, 14.00-24.00 vi y sá 🌐 corkvinbar.se · ⒦⒦

Una acogedora vinoteca que elabora una magnífica comida clásica mediterránea, acompañada de una extensa carta de vinos portugueses.

Encantador interior de
Den Gyldene Freden

SÖDERMALM

La zona de Södermalm, más conocida como Söder, se alza sobre el agua con sus laderas repletas de viejas casas de madera y vistas incomparables de Estocolmo. Antiguo barrio obrero, Södermalm se ha convertido en las últimas décadas en un lugar de moda con un marcado espíritu *indie*. Su corazón es el barrio de SoFo, con modernos cafés, tiendas eclécticas y una animada vida nocturna. Además, cuenta con infinidad de zonas verdes, como Tantolunden, sede de festivales, o la frondosa Långholmen, a lo que se suman las grandiosas vistas de Gamla Stan y el Stadshuset desde Monteliusvägen. Tantoluden y Monteliusvägen son perfectas para un pícnic. Tampoco faltan museos, entre los que destaca el Fotografiska, que ha recibido el reconocimiento internacional.

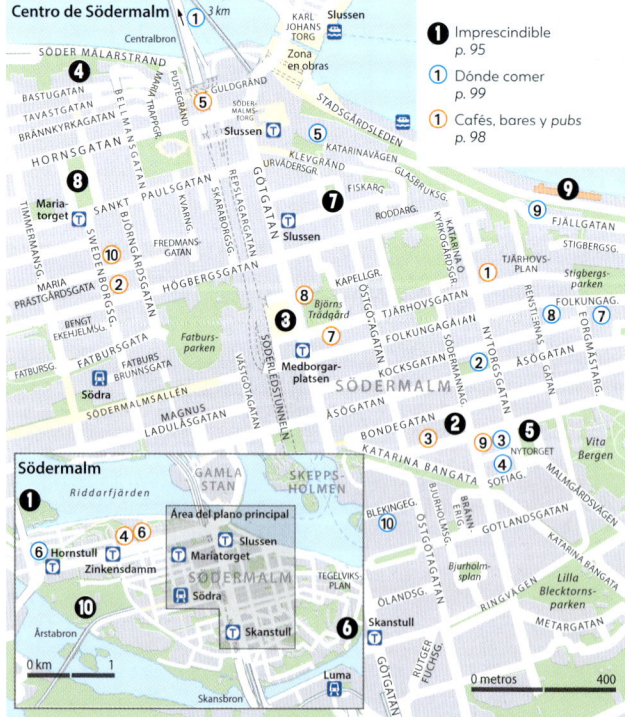

Para alojamientos en la zona, ver p. 116

Disfrutando del sol y del kayak en Långholmen

1 Långholmen
🅿 A4

Esta isla es uno de los destinos favoritos para pasear, comer al aire libre, nadar y relajarse. Sin embargo, de 1880 a 1975 albergó la prisión más grande del país, que actualmente se ha transformado en hotel y albergue juvenil. En la isla se encuentran playas, escenarios al aire libre y Mälarvarvet, uno de los astilleros más antiguos de Estocolmo.

2 SoFo
🅿 D6 🆆 sofo-stockholm.se

El nombre de este barrio, acrónimo de South of Folkungagatan, es un guiño al SoHo de Londres y Nueva York. Esta zona está llena de tiendas, curiosas e interesantes, donde se vende desde ropa y joyas a artículos para el hogar y música. También hay multitud de restaurantes y bares. El último jueves del mes se celebra la SoFo Night, en la que los comercios abren hasta tarde y suelen tener ofertas especiales.

3 Medborgarplatsen
🅿 D5

Haciendo honor a su nombre, la plaza de la Ciudadanía acoge multitud de actividades comunitarias. En verano se llena con las terrazas de los bares y restaurantes, y en invierno alberga una pista de hielo. Además, sirve de lugar de encuentro para manifestaciones y de punto de partida para el desfile del Día de los Trabajadores. Cerca está el centro comercial y de ocio Saluhall.

Lek (Juego)
(1935), de Bror
Hjorth, en SoFo

4 Monteliusvägen
🅿 L6

Este sendero de 500 m avanza junto al Ivar Los Park y ofrece un magnífico panorama del lago Mälaren, el Stadshuset, Gamla Stan y Riddarholmen. Construido en 1998 sobre una zona elevada, tiene casas antiguas a un lado y estupendas vistas al otro, además de bancos y mesas de pícnic para disfrutarlas. Sin embargo, el camino incluye algunos tramos de tierra y tablones que pueden estar resbaladizos en invierno. En Blecktornsgränd, descendiendo por Mariatorget desde el extremo oriental del sendero, hay varios cafés.

EL ESTOCOLMO DE STIEG LARSSON

Södermalm se hizo famoso cuando la trilogía *Millennium* de Stieg Larsson adquirió popularidad, sobre todo tras la grabación en Söder de la versión cinematográfica de *La chica del dragón tatuado*. El Museo Municipal de Estocolmo ofrece paseos por escenarios de Millennium, como el Kaffebar, frecuentado por el propio Larsson.

5 Skånegatan
D6

El corazón de SoFo es Skånegatan, una de las calles más de moda de toda la ciudad, sede de tiendas de diseño y bares alternativos como Snotty Sounds Bar *(p. 98)*. Por el día las familias frecuentan la plaza Nytorget, próxima al Vitabergsparken, en el que se ofrecen espectáculos de música y danza gratuitos en verano. Los bares y restaurantes de la zona se animan por la noche, incluso entre semana.

6 Persikan
F6 **Tegelsvihsgatan 22**

El proyecto Persikan va a transformar la zona ocupada por la cochera de los autobuses de SL en una joya de la vida urbana contemporánea. El objetivo de este plan, impulsado por la ciudad de Estocolmo, es urbanizar de manera sostenible espacios infrautilizados. Una vez finalizado, Persikan incluirá 10 edificios de apartamentos rodeados por espacios verdes compartidos. Se prevé que las obras finalicen en 2026. Mientras tanto, se puede echar un vistazo a un futuro más sostenible.

7 Mosebacke y Mosebacke Torg
D5

El barrio de Mosebacke se ha convertido en un centro cultural gracias al Södra Teatern. Construido en 1859, este centro fue diseñado por el arquitecto local Fredrik Abom. Un clásico entre los escenarios de Estocolmo, tiene un bar y a menudo acoge actuaciones de música y teatro. Cuando empieza a hacer buen tiempo, la gran zona al aire libre del Södra Bar se llena cada noche. Mosebacke Torg es una plaza tranquila en cuyo café de verano se pueden tomar bollos de canela.

8 Mariatorget
C5

Esta bonita y tranquila plaza con fuente es un lugar de encuentro muy popular durante todo el año. En verano acude mucha gente a tomar el sol y también resulta ideal para descansar

Imponente exterior de ladrillo del Fotografiska

los pies. La Sankt Paulskyrkan, una pequeña iglesia metodista de 1876, ocupa el extremo suroeste de la plaza. Las tiendas y restaurantes de Mariatorget y las calles circundantes (Sankt Paulsgatan, Krukmarkargatan y Swedenborgsgatan) son muy populares.

9 Fotografiska

☑ E5 ⌂ Stadsgårdshamnen 22
☑ 10.00-23.00 lu-do Ⓦ fotografiska.eu

El centro de fotografía contemporánea, inaugurado en 2010, acoge obras de fotógrafos famosos. El edificio de ladrillo que lo alberga fue construido en 1906 y en su origen sirvió como casa de aduanas. Incluye un bistró, un café y un bar. El café del ático ofrece unas vistas espectaculares de la ciudad.

10 Tantolunden

☑ B6

Este parque junto a la bahía de Årstaviken es un destino popular para nadar y comer al aire libre en verano, sobre todo los fines de semana, y para montar en trineo en invierno. Hay un parque infantil, una pista de vóley playa, un campo de golf y cafés. El parque sirve de escenario a festivales, como el Orgullo de Estocolmo (p. 64). Sobre la colina, apartados de las zonas principales, se encuentran más de 100 huertos y casitas de campo. El hotel y albergue Zinkensdamm (p. 117) está en el parque.

Tors fiske (La pesca de Thor), de Anders Henrik Wissler, en Mariatorget

UN DÍA EN SÖDERMALM

Mañana

Es buena idea comenzar el día desayunando en **Kaffebar** (p. 98). Luego sube por Torkel Knutsonssgatan hacia el panorámico **Monteliusvägen** (p. 95), que se dirige a Slussen. Tras disfrutar de las vistas del lago Mälaren, desciende hacia Hornsgatan y entra en la **Maria Magdalena Kyrka** (p. 49), del siglo XVIII. Sobre Slussen se eleva un antiguo ascensor con aspecto de grúa; en su parte alta está el restaurante **Gondolen** (p. 99), cuyo menú para el almuerzo tiene buena relación calidad/precio.

Tarde

Desde Gondolen hay un breve recorrido hasta la plaza de **Mosebacke**. Disfruta de un tranquilo paseo por los alrededores hasta llegar a Östgötagatan; sigue colina abajo y da un rodeo por Högbergsgatan hasta la **Katarina Kyrka** (p. 48) para contemplar su bello entorno. Si cruzas Folkungagatan, llegas a **SoFo** (p. 95). Tras echar un vistazo a las tiendas de diseño de la zona, como **Swedish Hasbeens** (p. 60), camina hacia el noreste por Rentsiernas Gata y baja por las escaleras de Söderbergs hasta el **Fotografiska,** situado en Stadsgårdshamnen. Este museo ofrece exposiciones innovadoras y un animado café. Regresa a Skånegatan para tomar una deliciosa cena en **Nytorget Urban Deli** (p. 99) y tal vez una copa en **Snotty Sounds Bar** (p. 98).

Cafés, bares y *pubs*

Barra bien provista del
popular Kvarnen

1. Greasy Spoon
E5 Tjärhovsgatan 19
8.00-16.00 lu-vi, 9.00-17.00 sá y do
greasyspoon.se
Este popular café es el lugar ideal para
tomar un desayuno inglés completo o
unos huevos benedictinos.

2. Morfar Ginko &
Pappa Ray Ray
C5 Swedenborgsgatan 13
16.00-1.00 lu-ju, 15.00-1.00 vi,
12.00-1.00 sá, 12.00-24.00 do
morfarginko.se
En verano se puede comer o tomar un
aperitivo en la terraza exterior o en un
acogedor patio.

3. Café Pascal
D6 Skånegatan 76 8.00-18.00
diario (hasta 17.00 sá y do)
cafepascal.se
Este café, uno de los favoritos del barrio,
pertenece a tres hermanos que comparten
la pasión por el café de calidad. También
prepara deliciosos sándwiches.

4. Häktet
C5 Hornsgatan 82 17.00-23.00
lu y ma, 17.00-1.00 mi y ju, 16.00-3.00
vi, 12.00-3.00 sá hahtet.se
Antigua prisión convertida en un popular
local nocturno con buena comida, cerveza, vino y cócteles.

5. Akkurat
M6 Hornsgatan 18 16.00-
24.00 lu y ma, 16.00-1.00 mi y ju,
15.00-1.00 vi y sá, 15.00-24.00 do
akkurat.se
En este excelente bar sirven cervezas
artesanas suecas.

6. Kaffebar
C5 Bysistorget 6 07 687 529
92 7.00-18.00 diario (desde 9.00
sá y do)
Kaffebar tiene fama por su café, pero
también destaca por sus magníficos
desayunos.

7. Kvarnen
D5 Tjärhovsgatan 4 08 643
03 80 16.00-24.00 lu y ma, 16.00-
3.00 mi-sá, 16.00-23.00 do
Los fines de semana esta antigua cervecería sueca se transforma en un con-
currido local nocturno.

8. Babylon
D5 Björns Trädgårdsgränd 08
640 80 83 11.00-24.00 diario
(hasta 22.00 do)
Oculto en un parque nada más cruzar
la calle desde Medborgarplatsen está
Babylon, un bar largo, estrecho y perfecto para casi cualquier ocasión, momento del día o época del año.

9. Snotty Sounds Bar
D6 Skånegatan 90 08 644
39 10 16.00-1.00 diario
Snotty, probablemente el único local
de música en la ciudad, tiene fotografías de iconos del punk y la nueva ola
en las paredes y pone música acorde.
Suele llenarse los fines de semana.

10. Johan & Nyström
C5 Swedenborgsgatan 7
7.00-19.00 lu-sá, 8.00-18.00 do
johanochnystrom.com
La tienda especializada de estos tosta-
dores de café es de visita obligada para
cualquier amante del café.

Dónde comer

1. Vurma
B2 ⌂ Bergsunds Strand 31
9.00-20.00 lu-vi, 9.00-16.00 sá y do
W cafevurma.se · Ⓚ

Variedad de sándwiches con nombres tan sugerentes como Ángel.

2. Meatballs for the People
D5 ⌂ Nytorgsgatan 30 11.00-23.00 diario (hasta 24.00 vi y sá)
W meatball.se · Ⓚ

Sirven las típicas albóndigas suecas de 14 formas distintas.

3. Nytorget Urban Deli
E6 ⌂ Nytorget 4 Desde 11.00 diario; las horas de cierre varían, consultar la web W urbandeli.se/nytorget · ⓀⓀ

Restaurante, bar y tienda de alimentación con ambiente neoyorquino.

4. Vina
E6 ⌂ Sofiagatan 1 17.00-23.00 ma-sá W vinaaa.squarespace.com · ⓀⓀ

Este restaurante sirve tapas, platos de temporada y excelentes vinos.

5. Gondolen
D5 ⌂ Stadsgården 6 11.30-13.00 lu-vi, 12.00-1.00 sá y do
W gondolen.se · ⓀⓀⓀ

Buena comida en lo alto del emblemático Katarinahissen.

6. Tjoget
A5 ⌂ Hornsbruksgatan 24
Desde 17.00 diario; las horas de cierre varían, consultar la web
W tjoget.com · ⓀⓀ

Este bar de cócteles y restaurante de ambiente europeo es un destino popular para tomarse algo después del trabajo o para salir de fiesta por la zona de Hornstull.

7. Punk Royale
E5 ⌂ Folkungagatan 128
17.30-24.00 ma-vi, 15.00-24.00 sá
W punkroyale.se · ⓀⓀⓀ

Punk Royale, un inconformista en la escena culinaria de Estocolmo, rompe las normas con sus atrevidos platos y su ambiente enérgico. Solo acepta reservas *online*.

8. Deli Di Luca
E5 ⌂ Folkungagatan 110 11.00-22.00 lu y ma, 11.00-23.00 mi-vi, 12.00-23.00 sá W delidiluca.se · Ⓚ

Sabores italianos con un toque nórdico. Se puede comer en el local o comprar productos para organizar un pícnic.

9. Hermans
E5 ⌂ Fjällgatan 23b 11.00-22.00 diario W hermans.se · Ⓚ

Hermans ofrece un bufé libre vegetariano con gran variedad de platos.

10. Pelikan
D6 ⌂ Blekingegatan 40 17.00-23.00 lu-do W pelikan.se · Ⓚ

Con varios siglos de historia, Pelikan ofrece tradicional sueca en una cervecería del siglo XVII.

Pelikan, un clásico de la cocina sueca

LAS AFUERAS

Los alrededores de Estocolmo albergan muchos destinos interesantes. Al norte se localizan los espacios verdes de Hagaparken y Milesgården. Al sur se encuentra el animado Avicii Arena. Hacia el oeste hay dos lugares declarados Patrimonio de la Humanidad: el imponente palacio de Drottningholm y el asentamiento vikingo de Birka. El archipiélago se extiende al este de Estocolmo y repartidas por todas partes hay bonitas ciudades como la histórica Sigtuna y la estudiantil Uppsala.

1 Hagaparken

Este parque inglés *(p. 42)*, al que se puede llegar en autobús o bicicleta, se sitúa al norte de la ciudad. Con zonas de césped y bosque, los senderos serpentean entre elegantes árboles, y pabellones y ruinas aparecen por sorpresa a cada paso.

2 Sigtuna

Fundada hacia 980, es la ciudad más antigua del país y cuenta con casas de madera, cafés, tiendas de artesanía y un museo. También pueden verse las ruinas de dos iglesias, Sankt Olof y Sankt Per. Se puede llegar en tren hasta Märsta y luego tomar un autobús a la ciudad. En verano

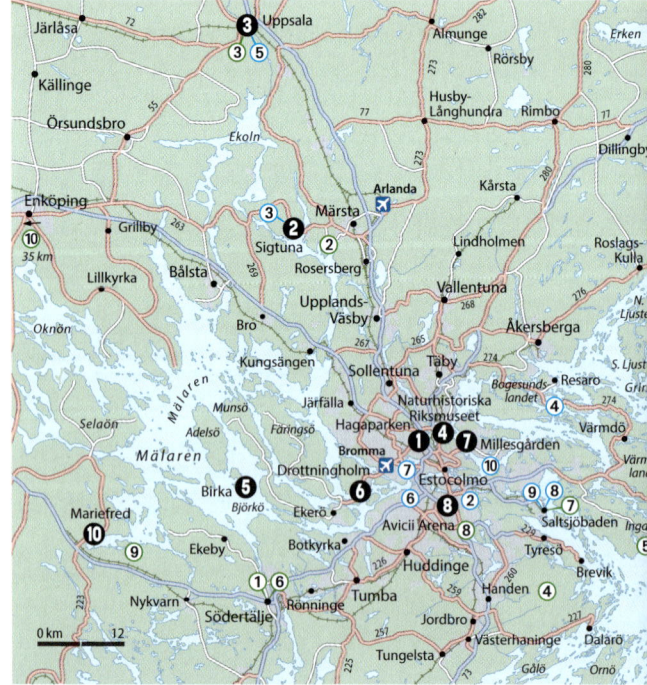

Para alojamientos en la zona, ver p. 117

El Museo Uppland y la catedral de Uppsala

llegan embarcaciones desde Estocolmo a través del lago Mälaren.

3 Uppsala
📍 G1

La cuarta ciudad más grande de Suecia, Uppsala goza de un ambiente animado en gran parte gracias a su universidad, fundada en 1477, aunque ya antes era un importante centro religioso, como demuestra su impresionante catedral. Los trenes de cercanías de SL tardan una hora de Estocolmo a la estación de Uppsala, situada en el centro.

4 Naturhistoriska Riksmuseet
📍 C1 🏠 Frescativägen 40
🕐 11.00-17.00 lu-vi, 10.00-17.00 sá y do 🌐 nrm.se ↗

Este museo presenta las ciencias naturales de una manera interactiva. Las muestras están dedicadas a todo tipo de temas, desde el origen de la vida a los tesoros del interior de la Tierra. En Cosmonova, el cine IMAX, pueden vivirse aventuras con dinosaurios y en el espacio.

Arholma
Röksta • Harg
orrtälje
Gisslingö
Kapellskär
Gråskö
Hysingsvik
Yxlan   Blidö
Lagnö
①
chipiélago   Möja
Estocolmo
❾   Möja
Mar
Báltico
ndo
Djurö
Stavsnäs
Sandön
Runmarö
jelbrolandet
Nämndö

❶ Imprescindible
  p. 100

① Cafés y restaurantes
  p. 105

① Y además...
  p. 104

Exposición de dinosaurios, Naturhistoriska Riksmuseet

Moneda con un barco vikingo encontrada en Birka

5 Birka
🅐 A 30 km de Estocolmo
🕐 Los horarios varían, consultar la web 🅦 birkavikingastaden.se

Birka, declarada Patrimonio de la Humanidad por la Unesco, es uno de los centros de comercio vikingos de los siglos VIII y IX más completos que existen. Aunque no se conserva casi ninguna construcción de la época, un museo ilustra cuál era el aspecto y el funcionamiento del asentamiento, y recoge diversos hallazgos importantes. La isla que lo alberga es un lugar tranquilo y virgen donde pastan ovejas y becerros. En verano se puede llegar a Birka en barco.

6 Drottningholm
El Palacio Real de Drottningholm y su parque *(p. 32)*, declarado Patrimonio de la Humanidad por la Unesco en 1991, constituye una de las mejores excursiones desde Estocolmo. La familia real ha ocupado partes del palacio desde 1982.

7 Millesgården
📍 G2 🅐 Herserudsvägen 32, Lidingö 🅦 millesgarden.se

Este espectacular parque con vistas a la bahía alberga las obras más famosas de Carl Milles, distribuidas en terrazas bajo su antigua residencia. En 1936 Carl y su esposa Olga donaron Millesgården al pueblo sueco; para ayudar a financiar el mantenimiento de la propiedad, se venden ediciones muy limitadas de vaciados de algunas de sus esculturas. Se puede llegar fácilmente a Millesgården en tranvía desde Ropsten.

8 Avicii Arena
📍 G2 🅐 Globentorget 2
🕐 10.00-18.00 diario (hasta 16.00 sá y do); horario prolongado en verano
🅦 aviciiarena.se ♿

El Avicii Arena no solo es un excelente recinto cubierto para deportes y conciertos, también es el segundo edificio esférico más grande del mundo. La bola blanca puede verse a kilómetros de distancia y se puede subir hasta lo alto en las góndolas de cristal que viajan sobre raíles fijados al exterior del globo. Esta atracción es muy popular e incluso se celebran bodas en las góndolas. Hay que reservar con antelación.

El castillo de Gripsholm a orillas del lago en Mariefred

CARL MILLES

Carl Milles (1875-1955), uno de los escultores más famosos de Suecia, fue ayudante del escultor francés Auguste Rodin en París y pasó más de 20 años en Estados Unidos –sus esculturas decoran muchos edificios estadounidenses–. Milles y su esposa Olga adquirieron la casa de Millesgården en 1906 y en los siguientes 50 años fueron transformando las espaciosas terrazas.

9 **Archipiélago de Estocolmo**
Se pueden descubrir muchos de los lugares de interés del archipiélago de Estocolmo (p. 26) en una visita breve. La ciudad principal del archipiélago es Vaxholm, con sus casas de madera de principios del siglo XIX pintadas en delicados tonos pastel. Hay encantadores restaurantes y cafés junto al puerto, y se puede acceder fácilmente durante todo el año en los barcos de Waxholmsbolagets o el autobús 670 desde Estocolmo.

10 **Mariefred**
Dominada por el castillo de Gripsholm, se caracteriza por sus calles estrechas y edificios de madera en colores suaves, la mayoría de los siglos XVIII y XIX. En verano se puede llegar a este popular destino en el barco de vapor *S/S Mariefred* desde Stadshuskajen, junto al Stadshuset, o viajar en tren de Estocolmo a Läggesta y luego tomar el tren de vapor Östra Södermalms hasta Mariefred. Se puede combinar la excursión a la ciudad con una visita al Taxinge Slott (p. 104).

EXCURSIÓN A UPPSALA

Linnéträdgården (jardín de Linneo)

Linnémuseet (Museo de Linneo)

Tren de vía estrecha Lennakatten

Centro de Uppsala

Catedral de Uppsala   Hambergs Fisk

Marielund 16 km

Mañana
Uppsala (p. 101) es un destino ideal para una excursión de un día, ya que la mayoría de los lugares de interés están en la parte histórica, al oeste de la ciudad. Puedes llegar al centro a pie desde la estación central de trenes. Una vez en la estación, sal y gira a la derecha hacia el norte hasta **Linnéträdgården (jardín de Linneo)** y **Linnémuseet (Museo de Linneo).** Si cruzas el río, puedes pasear por la orilla hasta la **catedral de Uppsala,** el templo más alto de Escandinavia. El rey Gustav Vasa está enterrado en ella. Muy cerca se encuentra **Hambergs Fisk** (p. 105), uno de los restaurantes mejor valorados de la ciudad, perfecto para detenerse a comer.

Tarde
Al este de la estación de Uppsala finaliza su recorrido el **tren de vía estrecha Lennakatten** (p. 104). A lo largo de 32 km atraviesa bosques, pasa junto a lagos y se detiene en seis pueblos; para un viaje de ida a vuelta a Marielund necesitas unas dos horas, suficientes para dar un paseo y tomar algo en el café de la estación. De Uppsala salen trenes hacia Estocolmo con regularidad. Si quieres cenar en Uppsala, recuerda que el último tren directo a Estocolmo parte de la estación en torno a las 22.00.

Y además...

Hileras de lápidas en
Skogskyrkogården

1. Museo al Aire Libre de Torekällberget, Södertälje

⌂ Torehällberget, 151 89 Södertälje
⌚ 10.00–16.00 diario W sodertalje.
se/torehallberget

El museo incluye una bonita aldea, exposiciones y animales que solía haber en las granjas locales.

2. Steninge Slott

⌂ Steninge Slottsväg 141, 195 91 Märsta
⌚ 11.00–18.00 lu-vi, 10.00–17.00 sá y do
W steningeslottsby.se

Este palacio barroco está situado a orillas del lago Mälaren, cerca de Sigtuna. Acoge un mercado navideño.

3. Tren de vía estrecha Lennakatten, Uppsala

⌂ Estación Uppsala Östra, Uppsala
⌚ Jun–prin sep W lennakatten.se ⊡

Desde Uppsala este tren de vapor atraviesa bosques y pasa junto a lagos.

4. Tyresta Nationalpark

⌂ Pueblo de Tyresta, 136 59 Vendelsö
W sverigesnationalparker.se

Un inmenso espacio natural virgen de gran belleza, perfecto para practicar senderismo.

5. Björnö

⊠ H2

Esta reserva natural con playas y *camping* se encuentra en la isla de Ingarö.

6. Tom Tits Experiment, Södertälje

⌂ Storgatan 33, 151 36 Södertälje
⌚ 10.00–17.00 diario (jul y ago: hasta 19.00) W tomtit.se ⊡

Merece la pena dedicar al menos medio día a este museo de ciencia con propuestas para todas las edades.

7. Saltsjöbaden

El tren ligero Saltsjöbanan llega hasta este bonito centro turístico costero. El café Stationhuset sirve almuerzos y tentempiés todo el año.

8. Skogskyrkogården

⌂ Shogshyrhogården W shogshyrho garden.stockholm

La actriz Greta Garbo está enterrada en este cementerio, declarado Patrimonio de la Humanidad por la Unesco.

9. Taxinge Slott

⌂ Taxinge ⌚ Los horarios varían, consultar la web W taxingeslott.se

Es famoso su bufé dulce con 65 tipos de tartas de elaboración local.

10. Västerås

Västerås, una de las ciudades más antiguas del país, tiene museos, tiendas, una catedral y un jardín botánico.

Vistas del mar desde la orilla rocosa de Björnö

El restaurante Rökeriet junto al agua, Fjäderholmarna

Cafés y restaurantes

1. Finnhamns Café & Krog
⌂ Finnhamns brygga 📱 08 542 464 12
🕐 Jun-ago: 11.30-22.00; may, sep-oct:
11.00-24.00 sá y do · Ⓚ
Para disfrutar de una copa de vino, platos suculentos y magníficas vistas.

2. Nya Carnegiebryggeriet
⌂ Ljusslingan 15-17 🕐 16.00-23.00
ma-vi, 12.00-23.00 sá 🌐 nya
carnegiebryggeriet.se · Ⓚ
Encantadora cervecería, bar y restaurante, de visita obligada para los amantes de la cerveza artesana.

3. Båthuset
⌂ Hamnen, Sigtuna 🕐 17.00-22.00 mi y ju,
17.00-23.00 vi y sá 🌐 bathuset.com · Ⓚ
Restaurante flotante de gran calidad y con un ambiente acogedor.

4. Vaxholms Hembygdsgårds Café
⌂ Trädgårdsgatan 19, Vaxholm
📱 08 541 319 80 · Ⓚ
Bonito café junto al agua que sirve platos suecos ligeros. Abre los fines de semana de mayo y a diario de junio a mediados de septiembre.

5. Hambergs Fisk
⌂ Fyristorg 8, Uppsala 🕐 11.30-14.30 lu,
11.30-22.00 ma-sá 🌐 hambergs.se · Ⓚ
Este pequeño restaurante de pescado tiene ambiente de bistró francés.

6. Landet
⌂ LM Ericssons väg 27, Telefonplan
🕐 Desde 11.00 lu-sá; las horas de cierre varían, consultar la web 🌐 landet.nu · Ⓚ
Landet es restaurante, bar y local nocturno con música en directo.

7. Sjöpaviljongen
⌂ Traneberg Strand 4, Bromma
📱 08 704 04 24 🕐 11.30-21.00 lu-vi,
12.00-22.00 sá, 12.00-20.00 do · Ⓚ
Sjöpaviljongen disfruta de una preciosa ubicación junto al agua y tiene una terraza para comer en verano.

8. Stationshuset i Saltsjöbaden
⌂ Estación de Saltsjöbaden 📱 08 556
266 00 🕐 9.00-17.00 diario · Ⓚ
En este antiguo edificio de la estación, donde llegan los trenes procedentes de Slussen, preparan una excelente comida ecológica.

9. Holmen Kök & Bar
⌂ Torben Gruts väg 5, Saltsjöbaden
🕐 12.00-23.30 diario 🌐 holmen
hohochbar.se · ⓀⓀ
Restaurante junto al muelle conocido por su marisco y hamburguesas. Y de postre, fresas suecas en temporada.

10. Rökeriet, Fjärderholmarna
⌂ Fjärderholmarna 🕐 May-prin sep:
11.30-22.30 diario (hasta 20.00 do)
🌐 roheriet-fjaderholmarna.se · Ⓚ
Idílico restaurante del archipiélago de Estocolmo especializado en productos del mar.

DATOS ÚTILES

El funicular de Skansen

CÓMO LLEGAR Y MOVERSE

Ya sea a pie o en transporte público, aquí está toda la información necesaria para recorrer la ciudad y sus alrededores como un holmiense.

Llegada en avión

La mayoría de los vuelos de larga distancia llegan a Arlanda, el principal aeropuerto internacional de la región, situado a 44 km al norte de Estocolmo. Se puede ir y volver del aeropuerto en el tren **Arlanda Express** (trayecto de 20 minutos), en los trenes regionales, más lentos, en taxi o en los autocares **Flygbussarna.**

Las compañías europeas de bajo coste suelen volar al aeropuerto Skavsta de Estocolmo, situado a unos 105 km al sur de la ciudad y a unos 80 o 90 minutos en autocar Flygbussarna.

Arlanda Express
🌐 arlandaexpress.com
Flygbussarna
🌐 flygbussarna.se

Trenes internacionales

Estocolmo está bien conectada con el resto de Escandinavia, con trenes directos a Olso y servicios de conexión a Copenhague. Los trenes de alta velocidad llegan y salen de la Estación Central de Estocolmo (Centralen); es obligatorio reservar asiento con antelación, más información en la web de Statens Järnväga **(SJ).**
SJ
🌐 sj.se

Transporte público

El transporte público, gestionado por Stockholms Lokaltrafik **(SL),** incluye autobuses, tranvías, trenes de cercanías, metro *(tunnelbana)* y algunos ferris.
SL
🌐 sl.se

Billetes

Los billetes son válidos en todos los medios de transporte público. La app SL es la forma más sencilla de pagar y ofrece información en tiempo real sobre los servicios.

Los billetes sencillos también pueden pagarse usando una tarjeta *contactless* o la SL Smart Card, una tarjeta de prepago de venta por 20 kr en cualquier tienda de la cadena Pressbyrån.

DE UN VISTAZO

PRECIO DEL TRANSPORTE PÚBLICO
Precio de los billetes de la red de transporte público de Estocolmo.

BILLETE SENCILLO

42 kr

Válido 75 minutos

ABONO DE 1 DÍA

175 kr

Válido 24 horas

ABONO DE 1 SEMANA

455 kr

Válido 7 días

LÍMITES DE VELOCIDAD

AUTOPISTA

110 km/h

AUTOPISTA DEL CENTRO CIUDAD

70 km/h

ZONAS URBANAS

40 km/h

ZONAS ESCOLARES

30 km/h

Trenes regionales

Los trenes regionales son económicos y resultan prácticos para llegar a destinos en las afueras. La red *pendeltåg* (cercanías) se extiende desde Nynäshamn, 60 km al sur de la ciudad, hasta la cercana ciudad de Uppsala. El tren suburbano Saltsjöbaden conecta la ciudad y la zona del archipiélago, mientras que el tren de vía estrecha Roslagsbanan comunica 39 destinos al noreste de Estocolmo.

Metro

El *tunnelbana* o *T-bana* es el metro de Estocolmo. Hay tres líneas –roja, verde y azul– que cubren la ciudad y un ramal que comunica con las afueras. Los trenes circulan cada cinco minutos en horas punta y cada 10-15 minutos el resto del tiempo.

Tranvías

La red de tranvías de Estocolmo (*spårvagnar*) cuenta con una única línea, la 7N, que conecta Kungsträdgården (*p. 70*), en el centro de la ciudad, con Djurgården (*p. 80*), y ofrece bonitas vistas a lo largo del recorrido.

Autobuses

La ciudad tiene una extensa red de autobuses. La mayoría de las líneas funcionan hasta las 24.00, aunque algunas circulan toda la noche.

Barcos y ferris

Los ferris, gestionados por compañías como SL y **Waxholmsbolaget,** forman parte de la red de transporte público de Estocolmo, con conexiones entre varias de las islas de la ciudad. Además, los ferris también son una manera económica y cómoda de explorar el archipiélago. Compañías privadas como **Strömma** ofrecen cruceros panorámicos por los canales de la ciudad y el archipiélago.

Strömma
Ⓦ stromma.se
Waxholmsbolaget
Ⓦ waxholmsbolaget.se

Taxis y coche

Los taxis son caros; un trayecto corto por la ciudad rara vez baja de las 250 kr. **Taxi Stockholm** es una compañía fiable.

No es aconsejable conducir por el centro. Todos los vehículos pagan una tasa de tránsito y aparcar es caro y complicado. Hay 25 aparcamientos disuasorios de camino al centro de Estocolmo para promover el uso del transporte público.

Taxi Stockholm
Ⓦ taxistockholm.se

En bicicleta

Estocolmo es una ciudad agradable para recorrer en bicicleta, con una extensa red de carriles bici, aunque en invierno las condiciones se complican. **RentBike.es** alquila diferentes tipos de bicicletas.

Otra alternativa es alquilar uno de los numerosos patinetes eléctricos que hay por la ciudad. Están gestionados por compañías como **Voi** y **Tier,** cada una de ellas con su propia app, que permite pagar por trayecto y desbloquear el patinete.

RentBike.es
Ⓦ rentbike.se
Tier
Ⓦ tier.app
Voi
Ⓦ voi.com

A pie

Las amplias aceras, unos bonitos parques y los paseos junto al agua hacen de Estocolmo la ciudad ideal para pasear.

TRANSPORTE AL AEROPUERTO

Aeropuerto	Distancia	Taxi	Transporte público	Duración
Aeropuerto de Arlanda (ARN)	44 km	750 kr	Tren (Arlanda Express)	20 min
Aeropuerto de Bromma (BMA)	8,5 km	400 kr	Autocar	20 min
Aeropuerto de Skavsta (NYO)	105 km	2.400 kr	Autocar	75 min
Aeropuerto de Västerås (VST)	110 km	2.400 kr	Autocar	80 min

INFORMACIÓN PRÁCTICA

Conocer la información local ayuda a moverse con facilidad por Estocolmo. Aquí están todos los consejos e información esencial que pueden resultar necesarios durante la estancia.

DE UN VISTAZO

MONEDA
Corona sueca
(SEK)

GASTO MEDIO DIARIO

BAJO	MEDIO	ALTO
700 kr	**1.200 kr**	**+2.500 kr**

AGUA MINERAL	CAFÉ	CERVEZA	CENA PARA DOS
30 kr	**35 kr**	**80 kr**	**600 kr**

FRASES ÚTILES

Hola	Hej
Adiós	Hej då
Gracias	Tack
¿Hablas inglés?	Talar du engelska?
No comprendo...	Pjag förstår inte...
¿Cuánto cuesta?	Vad kostar den?

ENCHUFES

Las tomas de corriente son de tipo F o C, con dos clavijas cilíndricas. El voltaje es de 230 v.

Documentación

Los españoles y otros ciudadanos de la Unión Europea pueden viajar a Estocolmo presentando su DNI o su pasaporte. Para estancias que no superen los tres meses no se necesita visado. Se puede ampliar la información en las webs de la **Dirección General de Migraciones** y de la **Embajada de Suecia en España.**

Suecia ha reintroducido los controles de documentación en sus fronteras terrestres, como el puente de Öresund entre Suecia y Dinamarca. Esta medida no limita el libre movimiento de ciudadanos comunitarios, pero puede implicar controles de identidad, por lo que es importante llevar el DNI o el pasaporte en estos trayectos.

Dirección General de Migraciones
Ⓦ migrationsverket.se
Embajada de Suecia en España
Ⓦ swedenabroad.se/es/embajada/spain-madrid/

Consejos oficiales

Es importante tener en cuenta los consejos oficiales antes de viajar. Se pueden consultar las recomendaciones sobre seguridad, sanidad y otras cuestiones importantes tanto en la web del **Ministerio de Asuntos Exteriores de España** como en la de **Visit Sweden.**

Ministerio de Asuntos Exteriores de España
Ⓦ exteriores.gob.es
Visit Sweden
Ⓦ visitsweden.com

Información de aduanas

La página web de **Tullverket** ofrece información relativa a la legislación sobre bienes y divisas que se pueden introducir o sacar de Suecia.

Tullverket
Ⓦ tullverket.se

Seguros de viaje

Es recomendable contratar un seguro completo que cubra robos, pérdida de pertenencias, problemas médicos, cancelaciones y retrasos, y leerse la letra pequeña.

No existe ningún convenio entre España y Suecia que implique la asistencia sanitaria gratuita recíproca, por lo que es necesario disponer de la **Tarjeta Sanitaria Europea (TSE)** o un seguro de viaje con cobertura médica que cubra la atención en caso de enfermedad o accidente. Si el paciente no dispone de seguro o tarjeta sanitaria europea, tendrá que pagar los costes derivados de la atención recibida, que pueden ser bastante elevados.
Tarjeta Sanitaria Europea (TSE)
🅦 seg-social.es

Vacunas
Existe riesgo de contraer encefalitis transmitida por garrapatas en zonas rurales, incluido el archipiélago de Estocolmo; conviene tomar medidas para evitar sus picaduras si se va a recorrer zonas al aire libre; también es posible vacunarse contra la enfermedad.

Dinero
La sociedad sueca apenas usa el dinero en metálico; actualmente solo un 1 % de los pagos se realizan de este modo. Las tarjetas de crédito y débito son a menudo el único medio de pago aceptado, y se utilizan incluso para transacciones pequeñas. No conviene cambiar mucho dinero antes del viaje, ya que tal vez no se tenga oportunidad de gastarlo.

No es necesario dejar propina en ningún sitio, excepto en los restaurantes lujosos, donde se debe añadir un 10 % del importe total de la factura.

Viajeros con necesidades específicas
Estocolmo se enorgullece de ser una de las capitales más accesibles del mundo. El metro y los trenes están adaptados a viajeros con necesidades específicas y todas las estaciones son accesibles. Los autobuses se inclinan en las paradas para ayudar a los viajeros a subir y bajar, y se han modificado unas 360 paradas elevando la altura del bordillo. Todos los autobuses disponen de rampa para sillas de ruedas.

Los edificios nuevos incluyen rampas para sillas de ruedas y aseos amplios, y en la mayoría de los destinos históricos hay accesos sin escalones y baños adaptados, aunque algunos lugares de Gamla Stan *(p. 86)* pueden resultar menos accesibles. Más información en la página web de **De Handikappades Riksförbund** (Asociación Nacional de Discapacitados) o en la de **Visit Sweden. Tillgänglighetsdatabasen** (base de datos sobre accesibilidad) ofrece detalles sobre las condiciones de accesibilidad en edificios públicos de toda Suecia.
De Handikappades Riksförbund
🅦 dhr.se
Tillgänglighetsdatabasen
🅦 t-d.se
Visit Sweden
🅦 visitsweden.com/accessible-travel

Idioma
El sueco es el idioma oficial del país, pero además existen otras cinco lenguas minoritarias reconocidas por ley: finés, yiddish, meänkieli, romaní y lapón. Asimismo, se hablan varios dialectos del sueco. En Estocolmo el inglés se usa ampliamente.

Horarios
Los domingos algunas tiendas tienen horario reducido, y los bancos y oficinas de correos suelen cerrar.

Aunque la mayoría de los destinos turísticos y principales museos abren todo el año, algunos cierran los lunes. Muchos museos cierran el 24 y el 25 de diciembre, pero permanecen abiertos los demás festivos. Las oficinas de correos y bancos cierran todos los festivos, al igual que algunas tiendas, bares y restaurantes.

Las circunstancias pueden cambiar repentinamente. Antes de visitar museos, monumentos u otros lugares de interés consulte los horarios actualizados y las formalidades de reserva.

Seguridad personal

Estocolmo es, por lo general, una ciudad muy segura, pero pueden producirse delitos menores. Los carteristas actúan en zonas turísticas como Gamla Stan (el casco histórico de la ciudad) e incluso en el transporte público. Hay que mantenerse alerta y tomar las precauciones que dicte el sentido común. Los robos deben denunciarse en una comisaría para recibir la documentación que permita reclamar al seguro. En el caso del robo del pasaporte o de verse implicado en un delito grave o accidente, se debe llamar a la Embajada de España en Suecia.

Por norma general, los suecos aceptan a todo tipo de personas, independientemente de su raza, género u orientación sexual. La homosexualidad es legal en el país desde 1944, en 1972 se equiparó la edad de consentimiento a la de las relaciones heterosexuales y el Parlamento sueco legalizó el matrimonio entre personas del mismo sexo en 2009 (261 votos a favor y 22 en contra). Suecia organiza diversos eventos LGTBIQ+ a lo largo del año, y su índice de felicidad homosexual suele ser de los más altos, junto con el de sus vecinos escandinavos. En el caso de sentirse inseguro en Estocolmo, se puede contactar con **Stockholm LGBT.**

Stockholm LGBT
🅦 stockholmlgbt.com

Salud

Suecia dispone de unos servicios sanitarios de buena calidad, pero la atención médica no es gratuita, ni siquiera para los suecos. Si se dispone de Tarjeta Sanitaria Europea (TSE) (*p. 111*) o seguro con cobertura médica, se debe presentar lo antes posible para acceder a tarifas reducidas. En caso contrario, el pago de los gastos médicos es responsabilidad del paciente.

Los hospitales suecos son excelentes. La página web de **1177** ofrece asesoramiento sanitario fiable en inglés. Por toda la ciudad se pueden encontrar farmacias (*apotek*) para medicamentos de venta libre y consejo profesional. La normativa que regula la venta de medicamentos en las farmacias suecas es estricta; hay medicamentos de venta libre en muchos países para los que es necesaria una receta médica en Suecia.

1177
🅦 1177.se

DE UN VISTAZO

NÚMEROS DE EMERGENCIA

URGENCIAS
EN GENERAL

112

LÍNEA DE ASISTENCIA
MÉDICA

1177

ZONA HORARIA
El horario de verano europeo (CEST) comprende desde finales de marzo hasta finales de octubre.

AGUA DEL GRIFO
A menos que se indique lo contrario, el agua del grifo de Estocolmo es potable.

PÁGINAS WEB Y APPS

Visit Stockholm
Página oficial de la oficina de turismo (*visitstockholm.com*).

SL
Plano del transporte público con una app para comprar billetes (*sl.se*).

Stockholm Archipelago
Información sobre el archipiélago (*stockholmarchipelago.se*).

Tabaco, alcohol y drogas
Está prohibido fumar y vapear en multitud de espacios públicos, incluidos bares, restaurantes y paradas de transporte público. También es ilegal fumar en las terrazas que pertenecen a restaurantes y bares.

La edad legal para beber alcohol en Suecia es de 18 años en bares y restaurantes, pero aumenta a los 20 años en cuanto a la compra de alcohol en tiendas. Las bebidas con más del 3,5 % de alcohol solo pueden comprarse en establecimientos llamados *systembolaget*, que tienen un horario fijo.

La normativa contra las drogas en Suecia es muy estricta. La posesión de drogas de recreo, incluida la marihuana, es ilegal y puede conllevar multas elevadas o penas de cárcel. La tasa máxima de alcohol al volante es de 0,2 g por litro de sangre. Conducir con más de 1 g de alcohol por litro de sangre puede suponer pena de cárcel.

Carné de identidad
No es obligatorio que los visitantes lleven un documento de identificación en todo momento, pero, en el caso de sufrir un incidente, deberán mostrar su documentación en una comisaría de policía en las 12 horas siguientes.

Costumbres
Los suecos valoran el espacio personal, el respeto y la tranquilidad, sobre todo en lugares públicos. Es costumbre descalzarse al entrar en las casas. Los suecos están muy concienciados con el medio ambiente; el reciclaje y la separación de residuos son habituales. Hay un gran respeto por la igualdad de género y muchos baños públicos son unisex.

Turismo responsable
Estocolmo se ha propuesto el ambicioso objetivo de convertirse en una de las ciudades más verdes del mundo. Se puede contribuir usando el transporte público, reciclando y ahorrando agua y energía. Hay que respetar la naturaleza al recorrer parques, canales y archipiélago, llevándose la basura para no dejar huella ambiental.

Como el agua del grifo es potable, es buena idea llevar una botella reutilizable. Al comprar en una tienda bebidas embotelladas o en lata, se debe pagar un depósito reembolsable *(pant)*, que se recupera al entregar el envase en cualquier supermercado.

Teléfonos móviles y wifi
Estocolmo tiene una cobertura 5G rápida y fiable en toda la ciudad y en muchas zonas rurales. Casi todos los cafés, restaurantes y edificios públicos ofrecen wifi gratuito. Los ciudadanos de la UE pueden utilizar sus planes habituales sin que suponga costes adicionales.

Correos
PostNord, el servicio postal sueco, tiene puestos en grandes supermercados y quioscos de periódicos, señalizados con el distintivo azul y amarillo de PostNord, donde también se venden sellos, así como sobres y embalajes. Los servicios postales son fiables, y las cartas y paquetes suelen llegar a la UE en una semana.
PostNord
🅦 postnord.se/en

Impuestos y devoluciones
El tipo general de IVA en Suecia es del 25 %, uno de los más altos del mundo, con tipos reducidos del 12 y el 6 % para alimentos, libros, periódicos y otros bienes y servicios. Quienes residen fuera de la UE pueden solicitar la devolución del impuesto aplicado a los productos adquiridos en Suecia a través de **Global Blue;** el trámite se realiza en el aeropuerto internacional antes de abandonar el país.
Global Blue
🅦 globalblue.com

Tarjetas de descuento
El **Stockholm Pass** ofrece descuentos en eventos, entradas a museos, visitas guiadas, actividades y transporte. Está disponible para estancias de hasta cinco días.
Stockholm Pass
🅦 gocity.com/en/stockholm

DÓNDE ALOJARSE

Estocolmo ofrece gran variedad de alojamientos, desde albergues junto al agua a grandiosos hoteles de época. La capital de Suecia satisface los gustos de todos los viajeros, desde los interesados en vistas panorámicas sobre el archipiélago a los que prefieren el bullicio de la ciudad.

El verano es la temporada alta, con precios más elevados y restaurantes más concurridos. En invierno, la temporada baja, los precios son más razonables y la ciudad aparece encantadora cubierta de nieve.

PRECIOS

Por habitación doble (con desayuno, si está incluido), impuestos y otros cargos.

....

(k) menos de 1.500 kr
(k)(k) 1.500-2.500 kr
(k)(k)(k) más de 2.500 kr

Centro

Downtown Camper by Scandic

📍 F3 🏠 Brunhebergstorg 9 🌐 scandichotels.com/downtowncamper · (k)(k)

Los intrépidos exploradores urbanos estarán encantados en este albergue juvenil con un magnífico emplazamiento en el centro, detrás del Kulturhuset y cerca de Kungsträdgarden, y actividades diarias como skateboarding y sesiones de juego. Las instalaciones también son muy buenas, con gimnasio, sauna y piscina en la terraza del ático con maravillosas vistas de Estocolmo.

Berns

📍 F3 🏠 Nächströmsgatan 8 🌐 berns.se · (k)(k)(k)

Ubicado en un bonito edificio modernista, este histórico hotel *boutique* está hecho para los amantes de la fiesta. Además de por las elegantes habitaciones y el opulento comedor, el hotel es famoso por su discoteca, que acoge actuaciones de DJ y conciertos

de artistas de renombre, desde Bob Dylan a Rhianna. También es una coctelería para tomar una copa después de bailar.

Nordic Light Hotel

📍 F3 🏠 Vasaplan 7 🌐 nordiclighthotel.se · (k)(k)

Este hotel de lujo, situado junto a la estación central de trenes, ofrece habitaciones luminosas de estilo nórdico minimalista, inspirado en diseñadores escandinavos como Uglycute, Fredrik Paulsens y Mats Theselius. Además, Nordic Light tiene el objetivo de mejorar su sostenibilidad sirviendo comida local de temporada en el restaurante y eliminando el plástico de un solo uso.

Miss Clara by Nobis

📍 F3 🏠 Sveavägen 48 🌐 missclarahotel.com · (k)(k)(k)

Este antiguo colegio para niñas situado en un impresionante edificio modernista en Central Sveavägen alberga uno de los hoteles más

modernos de Estocolmo. Las luminosas habitaciones retromodernas, que parecen apartamentos en miniatura, y el elegante bar, popular por sus cócteles de autor y excelentes vinos, atraen a una clientela creativa.

City Backpackers

📍 F3 🏠 Upplandsgatan 2 🌐 citybachpackers.se · (k)

Un fresco y acogedor albergue para los que buscan un lugar limpio, cómodo y barato donde descansar y reponer fuerzas. Además de dormitorios compartidos mixtos y solo para mujeres, tiene habitaciones privadas e incluso apartamentos. Las instalaciones incluyen sauna y zonas comunes con juegos y *fika* de cortesía.

Urban Deli Hotel

📍 F3 🏠 Sveavägen 44 🌐 urbandeli.se · (k)

Urban Deli, un híbrido de restaurante, tienda de comestibles especializada en alimentos sostenibles y alojamiento es uno de los favoritos de

Estocolmo y paraíso de los comidistas. Ubicadas debajo de su céntrica tienda *outlet* de Sveavägen, las habitaciones de estilo industrial sin ventanas son sencillas pero bien equipadas y cómodas, y ofrecen una buena relación calidad/precio. El desayuno bufé está incluido.

Vasastan y Kungsholmen

Rex Petit

F3 **Luntmahargatan 73** **rexpetit.see** · Ⓚ

Aunque pequeño, este hotel familiar cubre todas las necesidades básicas a un precio estupendo. Se puede elegir entre habitaciones individuales o dobles, con una o dos camas, la mayoría con baño. ¿Lo mejor? Que todas ellas incluyen el desayuno.

Blique by Nobis

P2 **Gävlegatan 18** **bliquebynobis.se** · ⓀⓀⓀ

Este hotel de paredes de hormigón y muebles de metal negro, ejemplo de elegancia industrial, ocupa un edificio diseñado en 1930 por el famoso arquitecto sueco Sigurd Lewerentz. Las habitaciones incluyen estudios para estancias prolongadas y el restaurante inspirado en comida callejera y el bar de la azotea con vistas asombrosas de la ciudad invitan a los huéspedes a quedarse y disfrutar.

Stockholm Hostel

P2 **Alströmergatan 15** **stockholmhostel.se** · Ⓚ

Apartado del bullicio de Kungsholme en una tranquila calle residencial, este hostal económico y sin pretensiones es un buen punto desde el que explorar la ciudad, gracias a su cercanía al transporte público. Tiene una cocina de uso compartido, una acogedora sala de estar y habitaciones sencillas pero cómodas, todas con baño propio.

Courtyard by Marriott Stockholm Kungsholmen

P2 **Rålambshovsleden 50** **marriot.com** · Ⓚ

Un hotel de negocios tranquilo y fiable, aunque no demasiado moderno. Las bien equipadas habitaciones son más grandes que las de hoteles más céntricos. Está cerca de la estación de metro Fridhemsplan, que comunica con la ciudad, y frente al frondoso Rålambshovsparken y el paseo costero de la bahía de Riddarfjärden.

Östermalm y Djurgården

Hotel Diplomat

F3 **Strandvägen 7C** **diplomathotel.com** · ⓀⓀⓀ

Difícil encontrar un lugar más grandioso que Strandvägen, una lujosa calle situada junto al paseo costero de Östermalm, perfecta para alojar este elegante hotel que ocupa un palacio modernista. Destacan su restaurante clásico con vistas al agua y las lujosas, aunque sencillas, habitaciones, algunas con vistas del puerto.

Backstage

F3 **Djurgårdsvägen 68** **backstagehotelsthlm.com** · ⓀⓀ

Situado justo al lado de ABBA The Museum, Backstage es el hotel ideal para disfrutar una agradable noche de sueño tras dar "gracias por la música". Las habitaciones rinden homenaje a estas estrellas de la música sueca, incluida una *suite* decorada con algunos de los discos de oro y platino de ABBA.

Nomad Gardet Hostel

F3 **Sehlstedtsgatan 2** **nomadgardet.se** · Ⓚ

Aunque esté algo apartado, este sencillo pero elegante hotel ofrece una excelente relación calidad/precio y está a un corto trayecto en metro del centro. Hay dormitorios compartidos para viajeros con poco presupuesto, con opción solo para mujeres, y habitaciones privadas con baño para los huéspedes que así lo prefieran.

Gamla Stan, Skeppsholmen y Blasieholmen

Af Chapman & Skeppsholmen Hostel

📍 F3 🏠 Flaggmansvägen 8 🌐 swedishtourist association.com/facilities/stf-stockholm-af-chapman-sheppsholmen-hostel · Ⓚ

Este velero con aparejo completo, elemento inconfundible del paseo marítimo, es ahora un popular albergue flotante. Atracado en la orilla oeste de Skeppsholmen, sus compactas pero cómodas habitaciones están lo más cerca del agua posible. También cuenta con habitaciones en el contiguo edificio Hantverkshut, donde se puede disfrutar además de un desayuno bufé.

Hotel Skeppsholmen

📍 F3 🏠 Gröna gången 1 🌐 hotelsheppsholmen.se · ⓀⓀⓀ

Skeppsholmen, una isla verde que en el pasado albergó instituciones militares, hoy es sinónimo de cultura y museos. Este hotel moderno y ecológico tiene un emplazamiento perfecto para disfrutar todo lo que la isla tiene que ofrecer. Ubicado en un cuartel naval de 1699 y rodeado de frondosos árboles, parece estar en el archipiélago cuando en realidad se encuentra a tan solo 10 minutos del corazón de la ciudad.

Victory Hotel

📍 F3 🏠 Lilla Nygatan 5 🌐 victoryhotel.se · ⓀⓀⓀ

Todo está en su sitio en este encantador hotel de temática náutica en el corazón del casco antiguo. Algunas de las habitaciones son tan compactas como el camarote de un barco y enamoran con su peculiar decoración que incluye cuadros marineros y antigüedades. La relajante coctelería tapizada de tartán también es genial.

Grand Hôtel Stockholm

📍 F3 🏠 S. Blasieholmshamnen 8 🌐 grandhotel.se · ⓀⓀⓀ

Junto al paseo marítimo, Grand ha acogido a los ricos y famosos desde su apertura en 1874. Sigue siendo lo último en el mundo de los alojamientos de lujo de la ciudad, con un suntuoso *spa* y un restaurante dirigido por el famoso chef Mathias Dahlgren. Las habitaciones más lujosas tienen balcones con vistas del Palacio Real.

Castanea Hostel

📍 F3 🏠 Kindstugatan 1 🌐 castaneahostel.com · Ⓚ

Castanea es el alojamiento perfecto para los que no quieren perderse nada. Enclavado en el corazón de Gamla Stan, a pocos pasos de la plaza principal Stortorget, este albergue económico está en el centro de la acción, con lugares de interés como Kungliga Slottet y Riksdagshuset a solo unos pasos unos de otros.

Södermalm

Hotel Rival

📍 F3 🏠 Mariatorget 3 🌐 rival.se · ⓀⓀⓀ

Se necesita mucho dinero para alojarse en este lujoso hotel *boutique* de inspiración *art déco* propiedad de la superestrella de ABBA Benny Andersson. Pero su elevado precio merece la pena: las habitaciones modernas y minimalistas son magníficas, y algunas tienen balcones con vistas al parque Mariatorget. Además, por el bar, el bistró y el café suele aparecer más de un famoso.

NOFO Hotel

📍 F3 🏠 Tjärhovsgatan 11 🌐 nofohotel.se · ⓀⓀ

Diseño escandinavo a raudales en este hotel *boutique* distribuido en torno a un tranquilo y soleado patio. La decoración de las habitaciones denota la pasión viajera de su propietario, con carteles antiguos y réplicas de señales de tráfico en sus paredes. Además, hay un bar bajo el hotel que ocupa una bodega del siglo XVIII y sirve un interesante menú degustación.

Skanstulls Hostel

📍 F3 🏠 Ringvägen 135 🌐 shanstulls.se · ⓀⓀ

Un albergue en Södermalm con una buena relación calidad/precio, en el que destacan la moderna cocina y la pequeña biblioteca. Las habitaciones son cómodas, aunque algo eclécticas, decoradas con papel pintado llamativo, algunas con pájaros tropicales o imitación de piel de serpiente.

Hotel Zinkensdamm

F3 Zinkens Väg 20
zinkensdamm.com
· Ⓚ

Dirigido a los amantes del aire libre, este establecimiento económico está escondido en una tranquila zona verde al oeste de Södermalm, totalmente rodeado de jardines repletos de flores y a un corto paseo de la playa de Tanto y del parque Tantolunden. En verano se celebran barbacoas en el patio, acompañadas de música en directo al atardecer.

Hellstens Malmgård

F3 Brännhyrhagatan 110 hellstensmalm gard.se · Ⓚ Ⓚ

Originalmente una residencia de verano para la nobleza de la ciudad, esta mansión urbana del siglo XVIII conserva un toque de elegancia clásica. Cada habitación tiene su propia personalidad; algunas cuentan con camas con cuatro postes, otras con estufas de porcelana. En verano se puede desayunar en la luminosa veranda y en otoño en el cálido y acogedor sótano del hotel.

Las afueras

Jumbo Stay

F3 Jumbovägen 4
jumbostay.com · Ⓚ

Aparcado en un lugar cercano a la entrada del aeropuerto de Arlanda, este original albergue ocupa un viejo reactor jumbo reconvertido. El interior contiene 33 habitaciones con capacidad para una a cuatro personas, incluyendo una doble de lujo con baño en la cabina. También cuenta con un servicio de autobús de 24 horas a las terminales

Kastellet Bed & Breakfast

F3 Kastellet, Vaxholm
hastelletvaxholm.se
· Ⓚ Ⓚ

Para los que siempre han deseado pasar la noche en un castillo, este encantador hostal ocupa una fortaleza histórica en una pequeña isla a las afueras de Vaxholm. Las amplias habitaciones tienen techos abovedados, suelos de madera, estufas y claraboyas con vistas al mar. El desayuno se sirve en un bonito comedor o en la terraza exterior en verano.

STF Finnhamns Hostel

F3 Finnhamns Brygga
swedishtouristassocia
tion.com/facilities/stf-
finnhamns-hostel · Ⓚ

Este albergue rodeado de árboles en la isla de Finnhamm, una reserva

natural libre de tráfico del archipiélago, es perfecto para escaparse de todo. Ubicado en un edificio de madera amarilla de 100 años tiene habitaciones sencillas pero cómodas. Se pueden practicar variedad de actividades, desde senderismo hasta navegación en kayak o paddlesurf.

Hotel J

F3 Ellensvihvagen 1
hotelj.com · Ⓚ

Un hotel dedicado al bienestar en Nacka Strand, a solo 30 minutos en ferri desde el centro, ideal para relajarse en la sauna, disfrutar de un tratamiento o hacer meditación. Las habitaciones, de estilo escandinavo, son luminosas y ofrecen vistas al jardín o al mar. Además, el hotel tiene un restaurante *gourmet* en el muelle.

Grand Hotel Saltsjöbaden

F3 Hotellvägen 2
grandsaltsjobaden.se
· Ⓚ Ⓚ Ⓚ

Construido en 1893, la llamada reina del mar es uno de los edificios más grandiosos y emblemáticos del archipiélago de Estocolmo. No es de extrañar que haya acogido a la realeza y a estrellas de Hollywood, que acuden a saborear la deliciosa comida de su comedor dorado, relajarse en su lujoso *spa* y disfrutar de las vistas del puerto salpicado de veleros.

ÍNDICE

Los números en **negrita** hacen referencia a las entradas principales.

FRASES ÚTILES

Orden alfabético sueco

En la lista siguiente se ha seguido el orden alfabético sueco. Después de la **z** vienen estas letras: **å, ä, ö.**

Emergencias

¡Ayuda!	Hjälp!
¡Pare!	Stanna!
¡Llame a un médico!	Ring efter en doktor!
¡Llame a una ambulancia!	Ring efter en ambulans!
¡Llame a la policía!	Ring polisen!
¡Llame a los bomberos!	Ring efter brandkåren!
¿Dónde está el teléfono más cercano?	Var finns närmaste telefon?
¿Dónde está el hospital más cercano?	Var finns närmaste sjukhus?

Comunicación básica

Sí	Ja
No	Nej
Por favor	Varsågod
Gracias	Tack
Perdone	Ursäkta ewrshekta
Hola	Hej
Adiós	Hej då/adjö
Buenas noches	God natt
Mañana	Morgon
Tarde	Eftermiddag
Noche	Kväll
Ayer	Igår
Hoy	Idag
Mañana	I morgon
Aquí	Här
Allí	Där
¿Qué?	Vad?
¿Cuándo?	När?
¿Por qué?	Varför?
¿Dónde?	Var?

Frases habituales

¿Cómo está?	Hur mår du?
Muy bien, gracias	Mycket bra, tack
Encantado de conocerle	Trevligt att träffas
Hasta pronto	Vi ses snart
Está bien	Det går bra
¿Dónde está/están…?	Var finns…?
¿A qué distancia está…?	Hur långt är det till…?
¿Por dónde se va a…?	Hur kommer jag till…?
¿Habla español?	Talar du/ni spanska?
No entiendo	Jag förstår inte
¿Puede hablar más despacio, por favor?	Kan du/ni tala långsammare, tack?
Lo siento	Förlåt

Palabras habituales

grande	stor
pequeño	liten
caliente	varm
frio	kall
bueno	bra
malo	dålig
suficiente	tillräcklig
abierto	öppen
cerrado	stängd
izquierda	vänster
derecha	höger
recto	rakt fram

cerca	nära
lejos	långt
arriba/encima	upp/över
abajo/debajo	ner/under
pronto	tidig
tarde	sen
entrada	ingång
salida	utgång
servicio	toalett
más	mer
menos	mindre

Compras

¿Cuánto cuesta?	Hur mycket?
Me gustaría…	Jag skulle vilja…
¿Tiene…?	Har du/ni…?
Solo estoy mirando	Jag ser mig bara omkring
¿Aceptan tarjeta?	Tar du/ni kreditkort?
¿A qué hora abren?	När öppnar ni?
¿A qué hora cierran?	När stänger ni?
caro	dyr
barato	billig
talla	storlek
blanco	vit
negro	svart
rojo	röd
amarillo	gul
verde	grön
azul	blå
agencia de viajes	resebyrå
anticuario	antikaffär
banco	bank
estanco	tobakshandel
farmacia	apotek
libreria	bokhandel
mercado	marknad
oficina de correos	postkontor
panaderia	bageri
pasteleria	konditori
quiosco de prensa	tidningskiosk
supermercado	snabbköp

Visitas turísticas

ayuntamiento	stadshus
biblioteca	bibliotek
calle	gata
casa	hus
cerrado por vacaciones	stängt för semester
estación de autobuses	busstation
estación de trenes	järnvägsstation
galería de arte	konstgalleri
iglesia	kyrka
información turística	turist-informations
jardin	trädgård
museo	museum
oficina	kontor
plaza	torg

En el hotel

¿Tienen habitaciones libres?	Har ni några lediga rum?
habitación con cama de matrimonio	dubbelrum med dubbelsäng
habitación con dos camas	dubbelrum med två sängar
habitación individual	enkelrum
habitación con baño	rum med bad
ducha	dusch
llave	nyckel
Tengo una reserva	Jag har beställt rum

En el restaurante

¿Tienen mesa para…?	Har ni ett bord för…?
Me gustaría reservar una mesa	Jag skulle vilja boka ett bord
La cuenta, por favor	Notan, tack
Soy vegetariano	Jag är vegetarian
almuerzo	lunch
botella	flaska
café	kaffe
camarera	servitris
camarero	servitör
carta de vinos	vinlista
cena	middag
copa de vino	ett glas vin
cuchara	sked
cuchillo	kniv
desayuno	frukost
entrante	förrätt
menú fijo	meny med fast pris
menú	meny/matsedel
plato del día	dagens rätt
plato principal	huvudrätt
tenedor	gaffel
vaso de agua	ett glas vatten

La carta

apelsin	naranja
bakelse	tarta, pastel
banan	plátano
biff	filete
bröd	pan
bullar	bollo
choklad	chocolate
citron	limón
dessert	postre
fisk	pescado
fläsk	cerdo
forell	trucha
frukt	fruta
glass	helado
hummer	langosta
kallskuret	fiambre
korv	embutido
kyckling	pollo
kött	carne
lamm	cordero
lök	cebolla
mineralvatten	agua mineral
mjölk	leche
nötkött	ternera
ost	queso
olja	aceite
potatis	patatas
ris	arroz
rostat bröd	tostada
räkor	gambas
rött vin	vino tinto
saft	refresco
sill	arenque
skaldjur	marisco
smör	mantequilla
stekt	frito
salt	sal
socker	azúcar
soppa	sopa
sås	salsa
te	té
torr	seco
ungsstekt	horneado, asado
vispgrädde	nata montada
vitlök	ajo
vitt vin	vino blanco

ägg	huevo
äpple	manzana
öl	cerveza

Números

0	noll
1	ett
2	två
3	tre
4	fyra
5	fem
6	sex
7	sju
8	åtta
9	nio
10	tio
100	(ett) hundra
200	tvåhundra
300	trehundra
400	fyrahundra
500	femhundra
1.000	(ett) tusen

Tiempo

un minuto	en minut
una hora	en timme
media hora	en halvtimme
una y diez	tio över ett
una y cuarto	kvart över ett
una y media	halv två
dos en punto	klockan två
13.00	klockan tretton
16.30	sexton och trettio
mediodía	klockan tolv
medianoche	midnatt
lunes	måndag
martes	tisdag
miércoles	onsdag
jueves	torsdag
viernes	fredag
sábado	lördag
domingo	söndag

AGRADECIMIENTOS

Edición actualizada por

Colaboraciones Paula Hotti, Malcolm Jack, Steve Vickers

Edición sénior Alison McGill

Diseño sénior Laura O'Brien, Vinita Venugopal

Edición de proyecto Rachel Laidler

Edición Tavleen Kaur

Iconografía Virien Chopra, Manpreet Kaur, Samrajkumar S, Priya Singh

Documentación fotográfica de cubierta Laura O'Brien

Cartografía Ashif, Suresh Kumar

Cartografía sénior James Macdonald

Diseño DTP Rohit Rojal, Jagtar Singh

Diseño DTP sénior Tanveer Zaidi

Preproducción sénior Balwant Singh

Retoque de imágenes Pankaj Sharma

Producción sénior Samantha Cross

Responsable editorial adjunto Dharini Ganesh

Responsable editorial Beverly Smart

Edición de arte Gemma Doyle

Edición de arte sénior Priyanka Thakur

Dirección editorial Hollie Teague

Dirección de arte Maxine Pedliham

Dirección de publicación Georgina Dee

DK quiere dar las gracias a las siguientes personas por su contribución a la edición anterior: Marta Bescos, Hilary Bird, Christopher Rice, Melanie Rice.

La editorial quiere agradecer a las siguientes personas, instituciones y compañías el permiso para reproducir sus fotografías:

Leyenda: a-arriba; b-abajo; c-centro; f-extremo; l-izquierda; r-derecha; t-superior.

123RF.com: Borisb17 38br; Duskbabe 102–103b; Jorisvo 48tl; Klug 81br.

Adobe Stock: Magdalena Bujak 13clb, Igor Groshev 49br; Predrag Jankovic 56c; John N 36–37b; Uwe 27br.

Alamy Stock Photo: Mauricio Abreu 71bl; Associated Press / Henrik Montgomery 13bl; Auk Archive 55br; Sergio Azenha 25tl; BasilT

11br; Georg Berg 37tr; Bildagentur-online 16bl; Michelle Bridges 10tl; Cavan Images / CI2 75t; Frank Chmura 15cr; Classic Picture Library 9cr; Rob Cousins 91tr; Ian Dagnall 82b; Danita Delimont 83tl; Dleiva 12cra; Chad Ehlers 13tl, 95t; Jani-Markus Häsä 60t; Hemis / Gardel Bertrand 33br, 52t, 99bl; Heritage Image Partnership Ltd 9cra; Kate Hockenhull 92tl; Dave G. Houser 39br; Image Professionals GmbH / Franz Marc Frei 28tr; Image Professionals GmbH / TravelCollection 62-63bc, 73t; imageBROKER.com GmbH & Co. KG / Marco Brivio 46-47b; imageBROKER.com GmbH & Co. KG / Martina Katz 45; Interfoto 47tr; Johner Images 65tr; Johner Images / MattiasJ Josefsson 6-7; Keystone Press 11t; Lakeview Images 9tl; Douglas Lander 105t; Tom Leighton 13cla, 35cb; Roland Lundgren 50b; Maskot 62tl; Mauritius Images GmbH / Anders Ekholm 29b; MB_Photo 14bl; Hercules Milas 34t; Roberto Moiola 24b; Max Nevis 21cra; Nathaniel Noir 84t; Penta Springs Limited 8b; Prisma Archivo 40cla; Pytyczech 19, Rolf_52 57bl; The Picture Art Collection 10br; Mauro Toccaceli 22crb; Travelpix 15tr; TT News Agency / Christine Olsson 10bl; William Uzuriaga 64br; Anna Yu 23br, 51tl.

© ArkDes: Nikolaj Alsterdal 90b.

AWL Images: Walter Bibikow 67; Karol Kozlowski 32bl, 88t; Ken Scicluna 35bl.

Operakllarens Bakficka: 73br.

Brewdog Kungsholmen: Mikael Goransson 78br.

Bridgeman Images: Look and Learn / Andrew Howat 9br.

Depositphotos Inc: Dudlajzov 20crb; Hans_Chr 13cl.

Designtorget: Jean-Baptiste Beranger 61bl.

Dreamstime.com: Nicholas Ahonen 87t; Antanovich1985 31tc; Arsty 87br; Artesiawells 78tl; Jon Bilous 89bl; Marcin Ciesielski / Sylwia Cisek 31cra; Dimbar76 54tl, 61tr; Dudlajzov 101t, 104tl; Gbruev 76-77b; Igor Groshev 107; Wieslaw Jarek 31tl; Jenifoto0406 17b; Phichak Limprasutr 35br; Christoph Lischetzki 12cr; Markovskiy 38-39t; Berk Ozdemir 40-41b; Pytyczech 22-23t; Radiokafka 98tl; Rolf52 16cra, 64t, 81t; Noppasin Wongcum 20c.

Getty Images: Hulton Archive / United Archives 10cl; Johner Images 1, 5, 28bl; Moment / Alexander Spatari 58tl; Moment / Lingxiao Xie 58br; Moment / Maria Swärd 70t; Universal Images Group / Werner Forman 102tl.

Getty Images / iStock: A40757 16tc; Micke Andersson 21cb; Anouchka 12br; Dreamer Company 75b-; Remus Kotsell 12crb; Marcus Lindstrom 42-43t; PK-Photos 26-27t; Lesia

Popovych © DACS 2024 13cl (8).

Gröna Lund: 54b.

Hornstulls Marknad: Patrik Linden Photography 53tr.

Kungliga Operan: Marcus Garder 69b.

LUX Dag för Dag: 79tr.

Naturhistoriska riksmuseet: Martin Stenmark 101br.

Shutterstock.com: Aevdox 15c; AlinaTuresson 43br; Arcady 69tl; Boris-B 97tl; Cooler8 49t; Dreamer Company 93br; Fijitime71 59tr; GenOMart 96b; Michael Gordon 35crb; Boumen Japet 104br; Anders E. Skanberg 30b, 32-33t.

Sofo: Justina Rosengren 95bl.

Statens Hstoriska Museum: Katarina Nimmervoll 41tr.

Vasamuseet: Anneli Karlsson 25br.

Mapa desplegable:
AWL Images: Karol Kozlowski.

Cubierta:
Delantera y lomo: **AWL Images:** Karol Kozlowski. *Trasera:* **Alamy Stock Photo:** Tom Leighton tl; **Dreamstime.com:** Jenifoto406 tr; **AWL Images:** Walter Bibikow cl.

Ilustración: Chris Orr & Associates.

De la edición en español
Servicios editoriales Moonbook
Traducción DK
Coordinación editorial Cristina Gómez de las Cortinas
Dirección editorial Elsa Vicente

Impreso y encuadernado en China

Publicado originalmente
en Gran Bretaña en 2003
por Dorling Kindersley Limited,
DK, 20 Vauxhall Bridge Road,
London, SW1V 2SA, UK

Título original DK Top 10 Stockholm
Segunda edición, 2025

ISBN: 978-0-241-77207-2